Vipassana
Der Weg in ein erwachtes Leben

von

Michael Kewley
Dhammachariya Paññadipa

Aus dem Englischen von Leonie Gschwendtberger

Alle Rechte vorbehalten.

Das Werk einschließlich aller seiner Teile ist urheberrechtlich geschützt.
Jede Verwertung außerhalb der engen Grenzen des Urheberrechtsgesetzes ist ohne Zustimmung des Verlages unzulässig und strafbar. Das gilt insbesondere für Vervielfärtigungen, Übersetzungen und die Einspeicherungen und Verarbeitung in elektronischen Systemen.

Copyright©Michael Kewley 2014
ISBN: 978-1-899417-18-6

Published by:
Panna Dipa Books.

e-mail:
dhammateacher@hotmail.com

Widmung

Für meinen Lehrer,
der die größte Inspiration in meinem Leben ist,
Sayadaw Rewata Dhamma.

„Das Geschenk des Dhamma übertrifft alle Geschenke."

Vipassana

Vipassana
Der Weg in ein erwachtes Leben

Dieses Buch, das ursprünglich „Das Öffnen des spirituellen Herzens" hieß, begann als eine Reihe von Notizen über Vipassana Retreats und Kurse in Budh Gaya, Indien, im Jahre 1991. Nach zehntägigen intensiven Meditationsretreats, baten Schüler mich darum, ihnen etwas mitzugeben, das sie nicht nur an unsere gemeinsame Zeit erinnern, sondern sie auch in ihrem täglichen Leben unterstützen würde. Also begann ich, die Grundzüge der einfachen Übungen, die ich mit ihnen geteilt hatte, aufzuschreiben. Diese wenigen Seiten wurden im Dorf aneinander geheftet und dann für eine Rupie verkauft, um unsere Ausgaben abzudecken.

„Das Öffnen des spirituellen Herzens" hat sich mittlerweile in diese Buchform verwandelt, aber der Grund für sein Entstehen bleibt der gleiche, nämlich Dhamma[1] zu teilen und Menschen dabei zu helfen, Liebe und Frieden in ihrem gewöhnlichen täglichen Leben zu finden. Es ist nicht notwendig, nach Indien zu reisen, um die Gründe für dein Unglücklichsein zu erkennen; das kannst du leicht in deinem eigenen Zuhause tun. Es ist notwendig, dass wir uns der Realität des Erwachens hingeben, um nicht mehr das Opfer schwieriger Situationen in unserem Leben zu werden.

---

1   Buddhistisches Wort für absolute Wahrheit.

Ich wünsche dir nur das Beste und Erfolg mit diesem Kurs.

Mögen alle Wesen glücklich sein.

Michael Kewley
Südfrankreich
November 2012

Inhalt

Woche Eins	S. 19
Die Suche nach dem Glück	
Anapanasati (Achtsamkeit des Atmens)	S. 23
Woche Zwei	S. 37
Die Dinge so zu sehen, wie sie sind	
Vipassana Praxis (bloße Aufmerksamkeit)	S.48
Den Verstand zu verstehen	
Woche Drei	S. 63
Das Herz zu öffnen	
Metta Bhavana (Liebende Güte)	S. 70
Harmonisches Leben	
Woche Vier	S. 89
Achtsamkeit im täglichen Leben	
Sabbhata (vollkommene Praxis)	
In der Welt zu leben	
Fragen und Antworten	S. 103

Vipassana

Bevor wir beginnen

Willkommen zu diesem strukturierten und geführten Vipassana (Einsicht) und Metta Bhavana (Liebende Güte) Meditationskurs. Dieses Programm wurde speziell für diejenigen Menschen erstellt, die zu Hause praktizieren wollen. Erfolg ist jedem sicher, der sich auf richtige Art und Weise still der Praxis hingibt.

Bitte folge den wöchentlichen Anleitungen und bemühe dich, jeden Tag in Meditation zu sitzen. Der Erfolg, den du erringen wirst, steht in direkter Verbindung mit der Anstrengung, die du aufgebracht hast. Sei nicht gierig oder ungeduldig, sondern praktiziere mit sanftem, beständigem Bemühen. Auf diese Art und Weise wird alles gut gehen.

Am Ende des Buches findest du einen Teil mit Fragen und Antworten. Bitte lies nach der ersten Woche darin, wann immer du möchtest. Die Fragen wurden mir auf vielen Retreats und Kursen gestellt. Ich füge sie hinzu, um dich in deiner Praxis zu unterstützen.

Neben den zusammengefassten und erklärten Meditationsübungen, gebe ich eine etwas erweiterte Sicht darauf, wie wir bereits in der Welt leben. Es ist nicht meine Absicht, dich davon zu überzeugen, dass das, was ich sage, die Wahrheit ist.

Die Arbeit mit den beschriebenen Übungen ermöglicht es uns, die Natur des Geistes zu sehen und zu verstehen. Das bestimmt wiederum unsere Einstellung zum Leben. Glaube und blindes Vertrauen sind nicht Teil dieses Prozesses.

Bitte gib dich mit stiller Bestimmtheit der Praxis hin und sieh, was sich entfaltet.

Vielleicht wirst du überrascht sein, wie schwierig du dein Leben bisher gestaltet hast und wie einfach es eigentlich sein kann.

Glossar der Schlüsselbegriffe

Vipassana. Einsichtsmeditation, die dazu bestimmt ist, Achtsamkeit im täglichen Leben auszubilden.

Metta. Die Entwicklung bedingungsloser Akzeptanz gegenüber der Wirklichkeit des Lebens.

Bhavana. Die Ausbildung des Verstandes.

Loslassen. Sich aus Anhaftungen an Aspekte des Geistes hinaus zu lösen, die uns ins Unglücklichsein hineinführen.

Geist. Der Raum, in dem alle geistigen Zustände aufsteigen.

Liebe. Bedingungslose Akzeptanz aller Wesen.

Mitgefühl. Die Erkenntnis, dass alles Leid mit dem Geist beginnt.

Freude. Der natürliche Zustand des Geistes, der nach nichts greift.

Ausgewogenheit. In Harmonie mit dem Leben selbst zu sein.

Visudhimagga. Der Weg, um uns selbst von unheilsamen Gedanken zu befreien.

Liebende Achtsamkeit. Das Ergebnis unserer Praxis.

Dhamma. Buddhistisches Wort, das Wahrheit oder Realität bedeutet.

Der Weg in ein erwachtes Leben

Vorbereitende Anleitungen

Vipassana Bhavana (Einsichtsmeditation) und Metta Bhavana (Liebende Güte Meditation) sind sehr kraftvolle Übungen, mit denen wir alles verändern können. Wir müssen jedoch verstehen, dass die Wirkung in direktem Verhältnis zu unserem Bemühen steht. Es ist so, als versuchten wir ein Feuer zu entfachen und würden zwei Holzstücke aneinander reiben. Wenn wir zwei Minuten lang wie verrückt reiben, uns dann fünf Minuten lang ausruhen, um dann eine weitere Minute lang zu reiben, werden wir schon bald entmutigt sein, da das Holz nicht das geringste Anzeichen von Entfachen zeigen würde. Reiben wir die zwei Holzstücke allerdings mit beständiger und bestimmter Anstrengung aneinander, werden wir schon bald die Vorzüge einer wunderschönen Flamme genießen können. Die Wärme und das Licht dieser Flamme werden nicht nur für uns von Vorteil sein, sondern letztendlich für alle Wesen.
Bevor wir jedoch den ersten Teil der Praxis beginnen, sollten wir uns die vorbereitenden Anleitungen ansehen.

Entschlossenheit

Es ist wichtig für dich, in deinem Herangehen an diesen Kurs entschlossen und bestimmt zu sein und den Anleitungen so gut wie möglich zu folgen. Ich möchte betonen, dass du jeden Aspekt der Praxis genau lernen solltest, um vollkommenen Nutzen aus ihr zu ziehen.
Der Kurs entwickelt sich von Woche zu Woche weiter

und somit muss jeder einzelne Teil zuerst verstanden und in die Praxis eingebunden worden sein, bevor wir zum nächsten übergehen können. Es wird wahrscheinlich viele Situationen geben, in denen du das Gefühl haben wirst, dass du schlichtweg nicht genügend Zeit zum Meditieren hast, oder dass es etwas anderes zu tun gibt. Ich bitte dich darum, dich in diesen Momenten daran zu erinnern, was du zu erreichen hoffst und dann bestimmt deiner Praxis nachzugehen.

Versuche nicht, die Zeit für Meditation zu finden, nimm sie dir einfach. Diese Praxis muss gegenüber anderen, weniger wichtigen Tätigkeiten im Leben, wie zum Beispiel Fernsehen, Zeitung lesen oder sich mit dem Smart Phone ablenken, Priorität haben. Nimm dir die Zeit, vier Wochen lang oder länger, ein – oder zweimal täglich zu meditieren. Denke am Ende dieses Kurses über die Veränderungen in deinem Leben nach und sieh, ob du irgendetwas Neues verstanden hast. Wenn du danach das Gefühl hast, dass du die Praxis nicht weiter fortführen möchtest, dann kannst du sie natürlich beenden, denn dann hast du dir zumindest die Gelegenheit dazu gegeben, sie zu erproben.
Falls du mit anderen Meditationsformen Erfahrung hast, wirst du womöglich das Gefühl haben, deiner Praxis noch etwas hinzufügen zu wollen. An dieser Stelle bitte ich dich, zu widerstehen. Die Übungen, die du während dieses Kurses lernen wirst, funktionieren alle sehr gut und wurden von Tausenden von Menschen seit der Zeit des Buddha ausprobiert. Keine von ihnen muss durch Visualisierungen oder Mantras verändert werden.

Bitte folge den Anweisungen so, wie sie gegeben werden.

Haltung

In der Vipassana Praxis wird die Körperhaltung als weniger wichtig erachtet, als in anderen Meditationsformen. Das Ziel dieser Praxis ist es, Einsicht und vollkommenes Verständnis der Natur unserer eigenen Wirklichkeit zu entwickeln und nicht nur die Fähigkeit, stundenlang in der gleichen Haltung zu verharren. Wir sollten jedoch eine Haltung entwickeln, die wir die vorgegebene Zeit über halten können, ohne sie zu sehr zu verändern, wenn es nicht absolut notwendig ist.

Zu Beginn wird jede Sitzung zwanzig Minuten lang sein. Experimentiere ein wenig mit der Haltung, bevor wir beginnen.

Um gut sitzen zu können, sollte der Körper ausbalanciert sein. Das bedeutet, er sollte stabil sein, ohne, dass du dich zu weit nach vorne oder nach hinten lehnst und die Wirbelsäule sollte gerade sein. Die Hände liegen ganz einfach im Schoß. Der Kopf sollte nicht nach vorne fallen, das Kinn aber leicht nach unten geneigt sein, sodass der Nasenrücken nach unten verläuft. So befindet sich der Körper in gutem Gleichgewicht und ob du dich im Schneidersitz auf dem Boden befindest, auf einem Meditationsstuhl kniest, oder ganz einfach auf einem Stuhl mit gerader Lehne sitzt, eine gute Haltung wird deinem Verstand dabei helfen, wachsam zu bleiben.
Ist die Haltung zu entspannt, verfällt der Verstand leicht in Tagträume oder wir schlafen sogar ein; ist die Haltung zu steif und angespannt, wird sie zu Schmerzen führen. Wie bei allen Dingen im Leben ist Balance das Wichtigste.

Vipassana

Eine gute Haltung zu finden verlangt womöglich nach ein wenig Übung und Experimentieren, aber unsere Bemühungen lohnen sich immer.

Wie ich bereits erwähnte, werden wir in der ersten Woche zwanzig Minuten lang sitzen. Allmählich werden wir die Zeit auf fünfunddreißig Minuten erhöhen. Das mag sehr lange klingen, aber mit der Zeit wird es uns leicht und natürlich erscheinen. Also sei geduldig und finde die Haltung, die deinem Körper am meisten liegt. Viele Menschen haben die Vorstellung, dass es bei Meditation darum geht, wie der Buddha in der Lotushaltung zu sitzen. Das ist absolut nicht wahr, finde einfach eine Haltung, die dir gut liegt und in der du zwanzig Minuten lang sitzen kannst, ohne dich zu bewegen.

Ort

Sobald wir unsere tägliche Meditationspraxis zu Hause beginnen, werden wir merken, dass unser Erfolg von bestimmten Bedingungen abhängt. Die erste Bedingung ist die der passenden Lage.
Der Ort für unsere Meditationspraxis sollte ruhig, warm, trocken und frei von Luftzug sein. Generell sollten wir hier so wenig wie möglich gestört werden können. Für die meisten Menschen ist dieser Ort ihr Schlafzimmer, aber es liegt an dir, wo du zu Hause am besten praktizieren kannst. Versuche, jeden Tag den gleichen Ort zu nehmen und verwandle ihn in deinen Meditationsplatz. Es gibt keinen Grund, die Wände mit spirituellen Gemälden zu dekorieren oder einen buddhistischen oder christlichen

Schrein aufzustellen, halte bloß einen bestimmten Bereich für deine tägliche Praxis frei. Alleinsein oder zumindest Ungestörtheit sind die beste Voraussetzung.

Meditationszeit

Zu Beginn des Kurses sollten wir lernen, nicht weniger als zwanzig Minuten lang zu sitzen. Das bedeutet, dass wir uns insgesamt zumindest eine halbe Stunde Zeit geben sollten, um am Anfang auf unserem Kissen oder Stuhl zur Ruhe zu kommen und am Ende still die friedlichen Auswirkungen der Meditation erfahren zu können.

Es ist keine gute Idee, die Praxis zwischen Aktivitäten zu legen, wie zum Beispiel, die Stufen hinauf zu rennen und zwanzig Minuten später wieder nach unten zu hetzen, um die Nachrichten im Fernsehen anzusehen. Wir müssen uns selbst Zeit geben. Diese Praxis ist wichtig und wir sollten ihr gegenüber die richtige Einstellung haben.

Es ist auch wichtig zu verstehen, dass wir uns an die Länge der Zeit, die wir uns am Anfang für die Meditation vorgenommen haben, auch halten sollten. Egal wie schlecht uns unsere Praxis vorkommt, wir sollten entschlossen genug sein, unsere Haltung beizubehalten, bis die vorgesehene Zeit abgelaufen ist. Wir dürfen dem Verstand nicht erlauben, uns zum Aufgeben zu bewegen. Das ist sehr wichtig. Also sei nicht ungeduldig, sondern lerne, zwanzig Minuten lang gut zu sitzen.

Dies sind die vorbereitenden Anleitungen für die

Vipassana (Einsicht) und Metta Bhavana (Liebende Güte) Meditation.

Woche Eins

Die Suche nach dem Glück.
In der Welt zu leben.

Glücklichsein ist das Ziel, das alle menschlichen Wesen gemeinsam haben. Es ist der Grund für alles, was wir tun. Von dem Moment an, in dem wir morgens aufwachen, bis wir abends wieder schlafen gehen, ist es unser stärkstes und beständigstes Verlangen. Und doch ist das Glücklichsein selbst vollkommen illusionär. Obwohl es das einzige ist, das wir die ganze Zeit über wollen, können wir es nicht mit unserem eigenen Willen erzeugen. Wir können es weder entstehen lassen, noch können wir an ihm festhalten, sobald es da ist. Glücklichsein ist so wie alle anderen Geisteshaltungen auch. Es ist vergänglich und kommt und geht von selbst, unabhängig von uns.

Versuche diesen einfachen Test. Morgen früh, wenn du aufwachst, sage dir selbst: „Heute werde ich den ganzen Tag über glücklich sein" und sieh, ob es funktioniert. So lange wir Glücklichsein nicht verstehen, jagen wir ihm nach, wie ein Hund, der seinen eigenen Schwanz jagt. Wir drehen uns im immer selben Kreis, schaffen uns Dinge an, gebrauchen sie, werfen sie weg und schaffen uns neue Dinge an.

Wir suchen unser Glück in der materiellen Welt, indem wir mehr und mehr Besitztümer ansammeln und darauf hoffen, dass jedes von ihnen das beständige, angenehme Gefühl mit sich bringen wird, nach dem wir uns so sehr

sehnen. Ein neues Auto, eine Digitalkamera, ein Heimkino – die Liste ist endlos!
Obwohl diese Besitztümer zuerst Befriedigung mit sich bringen, kann und wird dieses Gefühl nicht anhalten. Bald verwandelt sich diese eine Sache, ohne die du schlichtweg nicht leben konntest, einfach in einen weiteren Bestandteil deines bereits vollen Hauses. Etwas, das es zu versichern gilt, worüber du dir Gedanken machen musst und was du reparieren musst, wenn es kaputt geht. In Wahrheit ist es nur eine weitere Bürde in unserem Leben – etwas Neues, das wir mit uns tragen müssen.

Wir suchen unser Glück in der emotionalen Welt, wollen, dass jemand uns liebt und uns auf eine Art und Weise behandelt, die wir als angemessen empfinden. Wir suchen die Anerkennung anderer, wollen, dass sie uns sagen, dass wir gut aussehen, und dass wir in unseren Ansichten und Meinungen richtig liegen. Wir empfinden uns selbst als unzureichend und unpassend und suchen ununterbrochen nach der Unterstützung unserer Freunde und Familie oder bestimmter sozialer, religiöser oder kultureller Gruppen. Fühlen wir uns jedoch nicht unterstützt, so leiden wir. Die wesentliche Wahrheit, die du verstehen solltest, ist folgende: niemand, egal wer, ist in der Lage, dich immerzu glücklich zu machen. Selbst wenn wir unseren perfekten Lebenspartner finden, wird das tägliche Zusammenleben diese Traumblase zerplatzen lassen. Wir heften unsere Hoffnungen an diese vollkommene Person, erwarten, dass sie uns in dieser Beziehung immer glücklich machen wird und werden enttäuscht. Wie könnte es anders sein?

Auch in der religiösen oder spirituellen Welt suchen wir

unser Glück. In unserer so genannten
Neuzeit gibt es so viele Dinge, die wir ausprobieren können: Yoga, Kampfkunst, stilisierte Formen der Meditation, Rückführungen...Wir haben das Gefühl, dass wir nur herausfinden müssen, wer wir in unserem letzten Leben waren und dann können wir für immer glücklich sein. Selbst unsere Religion zu ändern, wird durch den Wunsch nach Glücklichsein motiviert. Es wird uns allerdings wenig helfen zu sagen: „Früher glaubte ich an Gott, jetzt glaube ich an Allah." Wir tappen immer noch in die gleiche Falle, da wir AUßERHALB von uns selbst nach dem Glück suchen. Deshalb liest du gerade diese Worte. Alles, was du bis jetzt in deinem Leben versucht hast, war eine Enttäuschung und jetzt glaubst du, dass womöglich ein Kurs in Vipassana und Metta Bhavana dir weiterhelfen wird und tatsächlich, das wird er!

In der Vipassana und Metta Bhavana Meditation geht es nicht darum, im Endeffekt ein beständiges Glücksgefühl zu schaffen. Diese wundervolle und einzigartige Meditationsform und Lebensart wird es uns ermöglichen, den Ursprung unseres Unglücklichseins zu erkennen und dieses dann aus unserem Leben zu lösen. Hier geht es nicht darum, etwas Neues auszuprobieren, was uns glücklich machen oder uns die Möglichkeit geben könnte, uns friedlich zu fühlen, während wir in Meditation sitzen. Hier geht es darum, intuitiv die Bedingungen zu erkennen, die wie gewohnheitsmäßig verstärken und die in uns die unangenehmen Gefühle auslösen, die wir Unglücklichsein nennen.

Während sich unser Verständnis vertieft, werden wir

die Bedeutung von Selbstverantwortung wahrhaftig verstehen. Die Welt, die wir wahrnehmen, ist die Welt, die wir in jedem Moment für uns selbst erschaffen. Mit mehr Erfahrung werden wir wissen, dass die Gefühle von Glücklich – und Unglücklichsein in uns selbst aufsteigen, und dass uns in Wahrheit niemand glücklich machen, aber auch niemand unglücklich machen kann. Das können nur wir tun. Und wenn es nur wir selbst sind, die diese Welt erschaffen, die wir erfahren, dann sind es auch nur wir, die diese Welt verändern können – von stressig zu friedlich, von angstvoll zu liebevoll, von töricht zu weise.
Die Verantwortung für den Wert unseres Lebens liegt absolut bei uns selbst.

Die materielle Welt ist nur das, was sie ist. Sie hat nicht die Macht, beständiges Glücklichsein in unser Leben zu bringen, aber das bedeutet nicht, dass wir sie nicht genießen können. Die emotionale Welt mit Partnern, Freunden und Familie, ist nur das, was sie ist. Sie hat nicht die Macht, beständiges Glücklichsein in unser Leben zu bringen, aber das bedeutet nicht, dass wir sie nicht genießen können. Die spirituelle Welt ist nur das, was sie ist. Sie hat nicht die Macht, beständiges Glücklichsein in unser Leben zu bringen, aber das bedeutet nicht, dass wir sie nicht genießen können.

Mit wahrhaftigem Verständnis sehen wir alles so wie es ist und können es genießen, wenn es angenehm ist und es geduldig aushalten, wenn es unangenehm ist. Auf diese Art und Weise werden wir in unserem Leben vollkommen frei sein und nicht mehr außerhalb von uns nach dem Glück suchen.

Anapanasati: Achtsamkeit des Atmens

Stoppe ein galoppierendes Pferd!

Anapanasati (Achtsamkeit des Atmens) ist die Grundlage unserer gesamten Praxis. Deshalb ist es ungeheuer wichtig, dieser einfachen, aber trotzdem schwierigen Praxis unsere größte Mühe zu widmen. Wenn wir ein Haus bauen, können wir nicht mit dem Dach beginnen. Wir müssen mit dem Fundament beginnen und es muss stark und sicher genug sein, um den gesamten Rest des Gebäudes zu unterstützen.

Versuche mit der unten beschriebenen Anleitung jeden Tag der ersten Woche zwanzig Minuten in Meditation zu verbringen und mache die Achtsamkeit des Atmens zu deiner einzigen Praxis.

Vor vielen Jahren gab es Schwertmacher in Japan. Diese Männer standen sehr früh morgens auf, wuschen sich, zogen ihre zeremoniellen Roben an, zündeten Räucherstäbchen an und begannen ihre Arbeit. Zuerst erhitzten sie Kohle und Metall, schmiedeten und formten es, kühlten es und wiederholten diesen Prozess immer und immer wieder, bis am Ende ein wunderschönes „Katana" (Schwert zum Töten) entstand. Sobald das Schwert fertig gestellt war, wurde es einem Samurai Kämpfer überreicht, der diese Waffe voller Enthusiasmus ausprobieren wollte. Es war zu jener Zeit in Japan nichts Ungewöhnliches, wenn ein Samurai zu einem örtlichen Gefängnis kam und drei oder vier unglückliche Insassen aussuchen, sie aneinander binden, sein Schwert heben und sie mit einem einzigen Schlag in zwei Teile schneiden würde.[2]

Man sagt, dass Vipassana das Samuraischwert des Geistes sei, und dass wir mit ihm unsere Zweifel, Verblendungen und Verwirrungen im Leben durchschneiden können. Die Schneide des Schwertes ist Anapanasati, achtsames Atmen.
Das ist die Bedeutung der Meditationspraxis.

Viele von uns sind sich ihres Atems die meiste Zeit über nicht bewusst, außer wir haben uns gerade körperlich stark verausgabt oder wir haben irgendeine Art von Atembeschwerden. Jedoch, ob wir uns dessen bewusst sind oder nicht, der Körper atmet den ganzen Tag über ein und aus. Hier ist also die tiefgehende Wahrheit, über die du nachdenken solltest: Du atmest nicht – der Körper atmet! Ob wir schlafen oder wach sind, bewusst oder unbewusst, der Körper atmet, auf natürliche Art und Weise und von selbst.

Der Anfang

Wie fangen wir also an? Sobald wir unsere Haltung eingenommen haben und sie uns angenehm erscheint, schließen wir sanft unsere Augen und erlauben dem

---

[2] Ich weiß nicht, ob irgendetwas an dieser Geschichte wahr ist. Sie wurde mir von meinem Lehrer erzählt, um zu veranschaulichen, warum es von Wert ist, seine Zeit und sein Bemühen der Praxis von Anapanasati zu widmen

Atem, ganz natürlich und ohne ihn aus dem letzten Kubikzentimeter unserer Lungen hinauszupressen, den Körper zu verlassen.

Da der Atem zunächst nur sehr fein wahrzunehmen ist, müssen wir mit unserer Achtsamkeit extrem präzise sein. Wenn wir also natürlicherweise einatmen, markieren wir diesen Punkt geistig mit dem Wort EIN. Während der Atem weiter in den Körper hineinfließt, bemerken wir seine Anwesenheit wieder mit dem Wort EIN. Und schließlich, an dem Punkt, an dem das Einatmen endet, sagen wir wieder innerlich das Wort EIN.

Mit diesen drei Stufen bleibt unsere Aufmerksamkeit fest auf die Nasenlöcher gerichtet. Wir folgen dem Atem weder in den Körper, noch visualisieren wir ihn, während er den Körper verlässt. Sobald das Einatmen endet, beginnt das Ausatmen. Da das eine natürlicherweise das nächste bedingt, müssen wir uns nicht dazu zwingen, auszuatmen. Es wird spontan von selbst geschehen und wieder markieren wir geistig den Anfang, den Mittelteil und das Ende des Ausatmens.
Dieses Mal verwenden wir das Wort AUS.

Was könnte einfacher sein, als geistig den Anfang, den Mittelteil und das Ende eines jeden Atemzuges zu bemerken? Der Sinn dieser Praxis ist es, unser sehr großes, zerstreutes Achtsamkeitsfeld auf ein sehr viel kleineres zu reduzieren – nämlich die Bewegung des Atems in den Nasenlöchern.

Vipassana

Der Atemkörper

Während wir sanft fortfahren, den Anfang, Mittelteil und das Ende eines jeden Atemzuges zu bemerken, werden wir schon bald ein Gefühl von Entspannung und Frieden in uns wahrnehmen. Das mag bereits nach etwa zwei Minuten der Fall sein und wir sollten an diesem Punkt aufhören, die Atemzüge geistig zu unterteilen und ganz einfach mit dem sein, was als ATEMKÖRPER bezeichnet wird. Das bedeutet, einfach beim Atem zu sein, während er in die Nase eindringt und sie wieder verlässt. Das ist der zweite Aspekt von Anapanasati (Achtsamkeit des Atmens).

Jetzt begleiten wir den Atem von Anfang an bis zum Ende und sind einfach nur achtsam. Wir versuchen nicht, ihn zu verändern oder zu beeinflussen, sondern erlauben dem Körper nur, in seinem eigenen Rhythmus zu atmen. Wir brechen den Atem nicht mehr in verschiedene Bestandteile auf, sondern erfahren den gesamten Prozess ohne Unterbrechung.

Während dieses Teils unserer Praxis, beginnen wir auf ganz natürliche Art und Weise, das Hauptobjekt unserer Achtsamkeit zu bemerken, was wir die BERÜHRUNGSEMPFINDUNG DES ATEMS nennen. Jedes Mal wenn wir ein- oder ausatmen, ob wir uns dessen bewusst sind oder nicht, entsteht ein Gefühl in den Nasenlöchern. Es ist wichtig, dass wir verstehen, dass wir dieses Gefühl nicht erschaffen oder erst dazu bringen, zu entstehen. Außerdem ist es nichts Besonderes, Magisches, Mystisches oder schlimmer noch, Spirituelles. Es ist ganz einfach das natürliche Gefühl, das aufsteigt, wenn der

Atem die empfindlichen Teile der Nasenlöcher berührt, während wir einatmen. Während unsere Achtsamkeit stärker wird, bemerken wir dieses unpersönliche Gefühl einfach klarer, das ist alles.

Jeder von uns mag dieses Gefühl auf unterschiedliche Art und Weise und in verschiedenen Bereichen der Nase wahrnehmen. Womöglich wirst du es in der Nasenspitze spüren, oder in der Mitte oder weiter oben, oder der Ort der Wahrnehmung wird sich mit dem Ein – und Ausatmen verändern. Aber wo auch immer du ein Gefühl in der Nase wahrnimmst, das in direkter Verbindung mit dem Atem steht, das ist es!

Oft werde ich gefragt: „Wie wird sich die Berührungsempfindung des Atems anfühlen?" Das kann ich nicht beantworten und du wirst es für dich selbst herausfinden müssen. Womöglich wird es ein Gefühl von Kälte sein, während der Atem einströmt und ein Gefühl von Wärme, wenn er die Nasenlöcher wieder verlässt. Womöglich wird es ein undefinierbares Gefühl, ohne bestimmte Beschaffenheit sein, aber welches Gefühl auch immer in den Nasenlöchern aufsteigt und mit dem natürlichen Atem verbunden ist, das ist es!

Wie immer in einer guten Praxis, gilt auch hier der gleiche Rat: Suche nicht nach etwas Besonderem! Wenn wir nach etwas Besonderem sehen, verpassen wir, was jetzt gerade in diesem Moment geschieht.

Es war einmal ein Mann, der in einem Dorf wohnte, das von einer gewaltigen Flut heimgesucht wurde. Das Wasser stieg immer höher und der Mann fand sich auf seinem Hausdach wieder. Ein Rettungsboot kam und die Männer in dem Boot sagten: „Komm ins Boot, wir werden dich retten."

„Nein," sagte der Mann „es ist in Ordnung, ich vertraue Gott. Er wird mich retten." Daraufhin ruderten die Männer davon.

Das Wasser stieg weiter an und schon bald stand es dem Mann bis zur Brust. Ein zweites Rettungsboot kam und die Männer darin sagten: „Komm ins Boot, wir werden dich retten."

„Nein," sagte der Mann „es ist schon in Ordnung, ich vertraue Gott. Er wird mich retten." Somit ruderten die Männer davon.

Das Wasser stieg weiter an und bald stand es dem Mann bis zum Kinn. Dieses Mal schwebte ein Hubschrauber in der Luft über ihm und ließ ein Seil hinunter. Der Pilot schrie: „Schnell, greif nach dem Seil und wir werden dich retten!"

„Nein," sagte der Mann „es ist schon in Ordnung, ich vertraue Gott. Er wird mich retten"

Somit flog der Hubschrauber davon. Das Wasser stieg weiter und schon bald ertrank der Mann. Er kam in den Himmel und war sehr wütend. Er marschierte geradewegs zu Gott und sagte: „Ich habe mein ganzes Leben lang an dich geglaubt. Ich dachte, du würdest mich retten!"

„Na ja," sagte Gott „ich weiß wirklich nicht, was passiert ist. Ich habe zwei Boote und einen Hubschrauber geschickt."

Sobald wir die Berührungsempfindung des Atems wahrnehmen können, wird dieses zum Objekt unserer

Meditation und wir bleiben ganz einfach bei diesem Gefühl, bis die Meditationssitzung zu Ende ist. Wahrscheinlich wirst du nicht in der ersten Sitzung die notwendige Achtsamkeit ausbilden können, um das Berührungsgefühl des Atems wahrnehmen zu können, aber mit sanftem, beständigem Bemühen, wird es aufsteigen. Sei geduldig und sitze einfach nur, so wie in der Anleitung.

Nun kennen wir also das Berührungsgefühl des Atems, wahrgenommen als das Hauptobjekt unserer Meditation. Sobald wir es wahrnehmen können, sollten wir unsere Achtsamkeit einfach an diesem Punkt ruhen lassen und sein Entstehen und Vergehen bemerken. Jedes Mal, wenn wir einatmen, entsteht das Gefühl. Jedes Mal, wenn wir ausatmen, entsteht das Gefühl. Es entsteht mit dem Atem und ist nicht von ihm getrennt.

Es ist genauso, wie wenn wir mit einer Säge ein Stück Holz zerschneiden. Unsere Aufmerksamkeit liegt auf dem Punkt, wo die Sägezähne tatsächlich das Holz durchschneiden und nicht auf unserem Arm, der sich vor- und zurückbewegt. Während der Anapanasati Praxis liegt unsere Aufmerksamkeit dort, wo das Gefühl aufsteigt und nicht in der Bewegung des Atems, der in den Körper hinein- und dann wieder aus ihm hinausströmt.

Ein weiteres Beispiel, um uns zu besserem Verständnis zu verhelfen, wäre das eines großen Steins, der am Strand liegt. Wenn die Wellen den Strand hinaufrollen, berühren sie den Stein von allen Seiten, aber der Stein selbst bewegt sich nicht den Strand mit hinauf. Er bleibt fest an seinem Platz. Genauso ist es, wenn die Wellen den Strand wieder hinunterrollen. Sie berühren den Stein wieder von allen Seiten, er bewegt sich aber nicht mit ihnen. Der Stein nimmt das Wasser wahr, wird aber nicht von ihm bewegt.

Das muss unsere Einstellung hinsichtlich des Berührungsgefühls des Atems sein: Wir lassen das Konzept des Atmens wegfallen und sind einfach nur mit der Empfindung des Atems, während sie mit jedem Ein- und jedem Ausatmen aufsteigt und wieder vergeht.
Das ist die Anapanasati Praxis, die auch Achtsamkeit des Atems genannt wird. Sie ist eine kraftvolle Meditationspraxis und ein wunderbarer Weg, uns dabei zu helfen, einen fokussierten Verstand auszubilden. Diesen brauchen wir, um die für unser Leben und unser bedingungsloses Glücklichsein so wichtige Achtsamkeit und Liebe zu entwickeln.

Zusammenfassung

Nun können wir die Praxis noch einmal durchgehen. Zuerst richten wir unsere Aufmerksamkeit auf den natürlichen Prozess des Atmens, um eine grundlegende Konzentration, einen fokussierten Verstand zu schaffen und uns damit aus der endlosen Aktivität des Verstands herauszuziehen. Sorgfältig und so genau wie möglich kennzeichnen wir geistig den Anfang, den Mittelteil und das Ende eines jeden Atemzugs, indem wir die Wörter, EIN, EIN, EIN und AUS, AUS, AUS verwenden.

Sobald sich eine gewisse Konzentration eingestellt hat und wir uns friedlich und ruhig fühlen, können wir das wörtliche Benennen weglassen und uns dem Atemkörper, der ungehinderten Bewegung von Luft in den Nasenlöchern widmen. Letztlich wird während der Beobachtung des Atemkörpers die Erfahrung der Berührungsempfindung des Atems aufsteigen. Diese ist dann unser Meditationsobjekt.

Bevor wir mit unserer ersten Sitzmeditation beginnen, ist hier noch eine letzte wichtige Anmerkung.
Der Buddha sagte: „Es ist leichter, ein wildes Tier zu zähmen, als den eigenen Verstand zu trainieren." Dies ist genau das, was du für dich selbst während der Anapanasati Praxis erfahren wirst. In all den Jahren unseres Lebens haben wir diesen Verstand darin bestärkt, zu denken, zu planen, zu spekulieren, zu fantasieren, zu erinnern und sich zu sorgen. Dieser Prozess wird nicht einfach aufhören, nur weil wir still sitzen und den Atem betrachten möchten. Aufgrund dieser lebenslangen Gewohnheit haben wir womöglich Widerstände gegenüber unserer Meditationspraxis. Der Verstand möchte beschäftigt und stimuliert werden. Er möchte planen, sich an etwas erinnern, er möchte denken. Wir können ihn nicht davon abhalten, aber wir können aufhören, ihm nachzugeben. Erinnere dich an unsere Entschlossenheit.

Jemand erzählte mir, dass er auf einem Kurs wie diesem, gerne einen Gedanken so lange denkt, bis er zu Ende ist. Das klingt zwar gut, aber Denken hört niemals auf! Dieser Gedanke bedingt den nächsten Gedanken, welcher wiederum den nächsten bedingt. Der Denkprozess ist endlos und folgt uns sogar in den Schlaf, wo wir ihn träumen nennen. Sei also stark. In dem Moment, in dem du bemerkst, dass deine Aufmerksamkeit nicht mehr beim Atem ist, bringe sie zurück zum Berührungsgefühl. Geh nicht im Denken, in Träumereien oder anderen Ablenkungen des Verstandes verloren.

Womöglich wirst du bemerken, dass dein Verstand, sobald du die Augen geschlossen hast, bereits zu wandern begonnen hat. Das ist kein Problem. Es wird mit Sicherheit früher oder später passieren, sei also vorbereitet. Mach dir keine Sorgen, du machst nichts falsch. Es ist die Natur des Verstandes.

Womöglich wirst du das Gefühl haben, dass du die gesamten zwanzig Minuten (am Anfang empfohlene Sitzzeit) damit verbracht hast zu bemerken, dass deine Aufmerksamkeit nicht bei dem Meditationsobjekt war und du sie wieder und wieder zum Atem zurückgeführt hast. Wieder ist das kein Problem und es gibt keinen Grund, sich entmutigt zu fühlen. Das Wichtigste ist, dass wir eine liebevolle Einstellung gegenüber unserer Praxis in uns ausbilden und uns nicht erlauben, in Wut und Frustration verloren zu gehen.

Es ist so, als wäre der Verstand ein Welpe. Was wird passieren, wenn wir den Welpen in die Mitte des Raumes setzen und ihm sagen „bleib!"? Der Welpe rennt umher, so wie es ihm gefällt. Wenn wir ihn zurück in die Mitte des Raumes setzen und wieder „bleib!" sagen, hat das auch dieses Mal keine Auswirkungen. Den kleinen Hund trifft keine Schuld, denn zu diesem Zeitpunkt weiß er noch nicht, wie man bleibt. Aber mit Geduld und Liebe wiederholen wir diesen Prozess immer wieder, setzen ihn zurück in die Mitte des Raumes, bis er bleibt.

Unsere Einstellung ist im Leben, wie auch in der Meditationspraxis immer von größter Bedeutung.
Wir müssen sanft und liebevoll mit uns selbst sein und dürfen nicht erwarten, dass wir in allem was wir gerade erst beginnen, bereits Experten sind.

Am Anfang kehren wir also mit unserer Aufmerksamkeit einfach immer wieder zu unserem Meditationsobjekt zurück, sobald wir bemerken, dass sie davon gewandert ist. Wenn wir vollkommen unseren Fokus verlieren, beginnen wir einfach wieder mit EIN, EIN, EIN. Das hier ist kein Wettkampf. Es ist eine einfache, jedoch nicht leichte Praxis, der wir unsere geduldige Aufmerksamkeit zuwenden müssen.

Ein weiterer Trick des Verstandes ist es, uns mit körperlichen Gefühlen von unserer Praxis abzulenken. Das Gefühl, dass unser Körper sich nach vorne, nach hinten oder zur Seite lehnt, ist eine übliche Erfahrung für Menschen, für die Meditation neu ist. Du brauchst nicht deine Augen zu öffnen, um deine Haltung zu überprüfen, es wird alles in Ordnung sein...
In all den Jahren, in denen ich diese Praxis mit anderen geteilt habe, ist noch nie jemand während der Meditation vornüber gefallen, egal, was der Verstand ihnen gesagt hat!

Juckreiz behandeln wir auf gleiche Art und Weise. Wir ignorieren ihn, wenn das möglich ist. Ist ein bestimmter Juckreiz allerdings so beständig und der Wunsch zu kratzen so überwältigend stark, dass wir nicht standhalten können, dann machen wir diese Bewegung zum Teil unserer Meditation:

Halte deine Augen geschlossen und lege all deine Achtsamkeit in deine Hand hinein. Nun hebe sie langsam und aufmerksam zu deinem Gesicht (oder dorthin, wo sich der Juckreiz befindet) und kratze. Bemerke, wie sich das anfühlt. Es ist nicht das gleiche Gefühl, wie wenn du ohne nachzudenken und ohne Achtsamkeit kratzt. Bringe deine Hand wieder in ihre ursprüngliche Lage zurück und richte deine Aufmerksamkeit wieder auf den Atem.

Es ist besser, sich während der Meditationspraxis nicht zu bewegen. Solltest du allerdings deine Haltung verändern müssen, dann mache das, genauso wie das Kratzen, zu einem Teil der Praxis. Ändere langsam, still und voller Achtsamkeit deine Haltung und kehre dann zum Meditationsobjekt zurück. Auf diese Art und Weise beginnen und enden wir die Meditation nicht immerzu, sondern sehen alles als einen Teil unser Praxis an.

Wie ich bereits erwähnt habe, liegt die anfänglich empfohlene Sitzzeit in der ersten Woche bei zwanzig Minuten. Obwohl das lange klingen mag, ist es in Wahrheit nicht viel Zeit deines Tages, egal wie beschäftigt du sein magst. Du musst deine Absicht, zu praktizieren nur zur Priorität machen, sodass sie wichtiger ist, als zum Beispiel fern zu sehen.

Erlaube der Achtsamkeit am Ende deiner Sitzzeit und bevor du die Augen öffnest, in den Körper zu gehen und bemerke, wie er sich in diesem Moment anfühlt. Beginne mit deinem Kopf und bewege die Aufmerksamkeit leicht durch den Körper hindurch. Nimm dir ungefähr eine Minute Zeit dafür. Wenn du bei deinen Füßen angelangt bist, geh zurück zum Atem und öffne dann deine Augen.

Das ist dann die wundervolle Anapanasati Praxis. Die einfache Erfahrung des Atems in den Nasenlöchern bringt ein großartiges Gefühl von Frieden und Ruhe mit sich und von nun an integrieren wir diese einfache Praxis jeden Tag für zwanzig Minuten in unser Leben.

Bitte nimm deine Haltung ein, schließe deine Augen und richte deine Aufmerksamkeit auf den natürlichen Atem.

Vipassana

Woche zwei

Vipassana: die Dinge so zu sehen,
wie sie tatsächlich sind.
*Alles steigt auf und vergeht
und es ist nicht das, was du bist.*

Dies ist nun die zweite Woche unseres vierteiligen Einsichts (Vipassana) und Liebende Güte (Metta Bhavana) Kurses. An jedem der letzten sieben Tage hast du mehr als zwanzig Minuten mit der Anapanasati Praxis verbracht. Du hast den natürlichen Rhythmus des Atems wahrgenommen und deine Aufmerksamkeit auf das Gefühl gerichtet, das spontan mit jedem Atemzug entsteht.

Mittlerweile hast du gesehen, wie beschäftigt der Verstand wirklich ist und wie schnell er sich ablenken lässt, aber jedes Mal, wenn deine Aufmerksamkeit vom Atem davon gewandert ist, hast du sie mit liebevoller Geduld wieder zurückgelenkt. Du hast Gedanken und Träumereien nicht nachgegeben, sondern warst diszipliniert und hast gemäß der Anleitung praktiziert. Mit dieser so wichtigen Grundlage, kannst du nun den nächsten Teil deiner Praxis beginnen.

Das Wort Vipassana kommt aus der Sprache Pali, die der Buddha gesprochen haben soll und bedeutet, „die Dinge so zu sehen, wie sie wirklich sind." Das einzige Ziel der Vipassana Praxis ist es, die wahre Natur des Verstandes und des Körpers klar zu sehen und damit zu verstehen, wo genau unsere Erfahrungen von Unglücklichsein und

Unzufriedenheit wirklich beginnen.

Es ist uns zur Gewohnheit geworden, der Situation oder anderen Menschen die Schuld dafür zu geben, wie wir uns in verschiedenen Momenten fühlen. Dann gebrauchen wir Ausdrücke wie: „Es ist deine Schuld, dass ich wütend bin!" oder „Deinetwegen fühle ich mich jetzt so!", aber in Wahrheit täuschen wir uns bloß selbst. Unsere Gedanken, Launen, Gefühle und Emotionen beginnen und enden mit uns selbst. Niemand kann sie uns geben und niemand kann sie von uns nehmen. Wir erschaffen sie selbst – immer! Sobald wir die Auswirkungen dieser Einsicht vollkommen verstehen, sind wir in der Lage dazu, alles in unserem Leben zu verändern.

Es war einmal ein Samurai, der begann, über sein eigenes Leben nachzudenken. Er war in vielen Schlachten gewesen und hatte viele Männer umgebracht. In einem Moment der Achtsamkeit begann er, über die Folgen solch eines brutalen Lebens nachzudenken. Wenn er starb, würde er dann in den Himmel oder in die Hölle kommen? Diese Frage beschäftigte ihn viele Tage lang, bis er zu dem Entschluss kam, dass er die Hilfe eines Zen Meisters brauchte, um ihn in dieser schwierigen Situation zu unterstützen.
Der Samurai ging zu einem nahe gelegenen Kloster und trat an den Meister heran.
„Entschuldigung," sagte er „ich würde Ihnen gerne eine Frage stellen. Gibt es einen Himmel und eine Hölle?"
Der Meister sah den Samurai unfreundlich an und antwortete grob: „Und wer genau bist du?"
„Ich bin ein Samurai" antwortete er stolz.

Der Weg in ein erwachtes Leben

"Du, ein Samurai?" sagte der Meister. "Das glaube ich nicht. Sieh dich doch mal an. Deine Kleidung ist schmutzig und zerrissen, dein Pferdeschwanz hängt an einer Seite hinunter und ich bezweifle, dass das Schwert, das du mit dir trägst durch Butter schneiden könnte."
Der Samurai wurde sofort aufgebracht und wütend darüber, dass jemand auf solch respektlose Art und Weise mit ihm sprach und er zog sein Schwert, um den Meister zu töten. Schließlich würde es jetzt nichts mehr verändern, noch einen weiteren Menschen umzubringen. Genau in dem Moment als das Schwert am höchsten Punkt angelangt war, sah der Meister den Samurai mit Liebe in seinen Augen an und sagte: "Hier öffnen sich die Pforten der Hölle."
Der Samurai war intelligent und verstand, dass er eine Lehre erhalten hatte. Jetzt steckte er demütig das Schwert zurück in die Degenscheide und verbeugte sich tief.
"Und hier öffnen sich die Pforten des Himmels." führte der Meister fort.

Himmel oder Hölle. Das ist die Wahl, die wir alle treffen müssen. In welcher Welt möchtest du leben? Du selbst erschaffst die Bedingungen für die Welt, der du in jedem Moment begegnest.

Wir leben in einer Gesellschaft, in der Emotionen, Leidenschaft und starke Gefühle sehr hoch angesehen sind. Diese Eigenschaften mit sich zu tragen, bedeutet, das Leben vollkommen zu leben. Jemand ohne Leidenschaft und Emotionen wird manchmal sogar als "kalter Fisch" bezeichnet. So wird das Leben gewöhnlich den so genannten "normalen Menschen" vermittelt. Unser Leben dreht sich im endlosen Kreis der Launen, Gedanken, Gefühle und Emotionen, ohne, dass wir jemals wirklich nachforschen, woher sie eigentlich kommen und in was für Schwierigkeiten sie uns hineinführen.

Wenn wir die Natur des Geistes nicht verstehen, werden wir ihm immer zum Opfer fallen - immer weit, weit entfernt vom ausgeglichenen Geist, der friedlich und harmonisch mit dem Leben selbst ist.

Häufig hören wir den Ausdruck, „ein Opfer der äußeren Umstände zu sein," was bedeutet, dass wir den äußeren Bedingungen ohne jeglichen freien Willen, Entscheidungen zu treffen und Veränderungen anzustoßen, schutzlos ausgeliefert sind. In Wahrheit sind wir jedoch niemals das Opfer der äußeren Welt; wir sind bloß das Opfer unseres eigenen Geistes und der endlosen Reihe an Inhalten, die er uns aufzeigt.

Jeden Morgen empfinden wir beim Aufwachen einen bestimmten Geisteszustand. Abhängig von Bedingungen, kann dieser Geisteszustand fröhlich oder traurig, wütend oder friedlich oder erfüllt von Verlangen und Reue sein. Der Verstand kann sich auf jegliche Art und Weise offenbaren, aber immer beginnen wir den Tag mit einem bestimmten Geisteszustand. Ohne es zu bemerken, sind wir sogleich vom Verstand überwältigt und nehmen somit seine Färbung an. Wenn Wut da ist, sind wir ganz einfach wütend. Wenn Angst da ist, sind wir ganz einfach ängstlich. Wenn Deprimiertheit da ist, dann sind wir einfach deprimiert. Welcher Verstandeszustand auch immer da sein mag, wir umfassen ihn vollkommen und werden selbst zu ihm. Es gibt keine Trennlinie zwischen dem, was wir erfahren und unserer Beziehung zu ihm.

Es ist so, als wäre unser Geist ein klarer Wasserteich. Das ist sozusagen sein natürlicher Zustand. In diesen Teich tröpfeln wir verschiedene Farben, die alle unterschiedliche Gedanken, Launen, Gefühle und Emotionen repräsentieren und sie alle färben den Teich in ihrem eigenen Ton. Der Verstand selbst kennt die Farbe nicht, in die er sich verwandelt hat und auch weiß er nicht, wo sie auf einmal hergekommen ist, aber die Auswirkung, die diese sich ständig wandelnde Farbe am Tag mit sich bringt, ist leicht zu erfahren. Diese Erfahrung bezeichnen wir als Unglücklichsein und es entsteht sowohl eine unbefriedigende Beziehung zum Verstand, als auch zum Leben selbst. Es ist ganz genau diese Erfahrung, die dich zur Meditationspraxis gebracht hat. Wir sind unfähig, den Verstand zu kontrollieren und fallen ihm somit immer zum Opfer.

Solange wir die wahre Natur des Geistes nicht verstehen, werden wir niemals wahren Frieden in unserem Leben erfahren können. Wir werden uns dann immer als Opfer gegenüber etwas empfinden, das wir letztendlich nicht kontrollieren können.

Wenn es wirklich möglich wäre, den Geist zu kontrollieren, dann würde jeder von uns ausnahmslos morgens beim Aufwachen sagen: „Heute werde ich den ganzen Tag über glücklich sein." Sage diesen Satz morgen früh beim Aufwachen zu dir selbst und sieh, ob du den ganzen Tag über glücklich sein kannst. Wenn Glücklichsein allein durch einen Willen bestimmt werden könnte, dann wären die Welt und unsere persönliche Erfahrung davon ein ganz anderer Ort.

Die Wahrheit sieht allerdings anders aus. Es ist so, als wären wir ein Korken, der auf dem Meer treibt.
Wenn uns Gutes widerfährt, werden wir weit hoch gehoben und reiten auf der Krone der Welle, während wir all die angenehmen Verstandeszustände genießen, die wir als „Glücklichsein" bezeichnen. Widerfährt uns allerdings Schlechtes, dann sinken wir tief in die gebrochene Welle hinein und erfahren all die unangenehmen Verstandeszustände, die wir als „Unglücklichsein" bezeichnen.
So ist das Leben für jeden, der noch nie die Beziehung zwischen dem Selbst und dem Geist erforscht hat. Ob wir uns selbst als intelligent bezeichnen oder nicht ist nicht das Thema. Intelligenz ist nicht Weisheit und nur Weisheit – das klare Sehen und Verstehen der Realität – wird verändern, dass wir uns selbst als Opfer gegenüber dem Geist empfinden.

Dieser Geist gehört dir nicht! Du besitzt ihn nicht und du kontrollierst ihn nicht. Dieser Geist fragt dich niemals, ob er deine Erlaubnis hat, sich bemerkbar zu machen und dein Leben zu dominieren. Er sagt niemals: „Entschuldigung, stört es dich, wenn ich jetzt eifersüchtig werde?" oder „Ist es in Ordnung, wenn ich jetzt gestresst, nervös, ängstlich und so weiter werde?" Wie können wir also in Harmonie mit dieser unsichtbaren Kraft leben, damit wir in unserem Leben, Freude, Ausgeglichenheit und Liebe erfahren?
Mit der Vipassana Praxis beginnen wir zu bemerken, dass

ein Verstandesmoment nur ein Verstandesmoment ist: Er kommt und geht von allein und in jedem Moment und unter jeglicher Bedingung hat er nur die Kraft, die wir ihm geben.

Verstandesinhalte steigen auf und vergehen in jedem Moment und durch die Vipassana Praxis können wir diesen Prozess verstehen und die Wahrheit hinter ihm erkennen: Gedanken, Launen, Gefühle und Emotionen sind wie Wolken, die durch einen klaren blauen Himmel ziehen. Wir können sie sehen, ihre Beschaffenheit wahrnehmen, ihre Anwesenheit in diesem Moment erfahren, aber wir müssen nicht an ihnen festhalten. Wir halten durch Nachgeben und Unterdrücken dieser Regungen am Geist fest. Beide geben jedem bestimmten Verstandesmoment seine Kraft.

Auf unserem Weg lassen wir also los. Wenn es die wahre Natur der Geistesinhalte ist zu vergehen, warum halten wir dann trotzdem an ihnen fest? Wenn es etwas Erfreuliches ist, dann genieße es, während es da ist – aber versuche nicht, daran festzuhalten. Wenn es etwas Unerfreuliches ist, entspanne dich und sei friedlich damit – es wird bald vergehen. Auf diese Art und Weise können wir mit dem Verstand sein, ohne ihm zum Opfer zu fallen. Das ist der Weg des Loslassens.

Wenn wir ein wenig loslassen, dann ist da ein wenig Frieden.
Wenn wir viel loslassen, dann ist da viel Frieden.
Wenn wir vollkommen loslassen: vollkommener Frieden.
Dann erfahren wir vollkommenen Frieden, der aus einem

Geist erwächst, der sich nicht mehr im Konflikt mit sich selbst befindet, und der nicht mehr von verschiedenen Zuständen getäuscht wird.

Mit diesem Verständnis können wir sehen, dass Niedergeschlagenheit, das Gefühl, das du vielleicht an einem kalten Januarmorgen erfährst, wenn du aus dem Bett aufstehen musst, um dich auf den Weg zu einem Job zu machen, den du nicht sonderlich magst, im Grunde nur Niedergeschlagenheit ist – ein Geisteszustand, der aufgrund von Bedingungen entsteht.
Du bist dieser Verstandesmoment nicht und er gehört dir auch nicht. Er ist etwas, das du erfahren kannst, ohne zu ihm zu werden. Verstehst du?

Der Geist ist nicht das, was du bist, er ist nur das, wozu du in verschiedenen Momenten wirst. Wenn wir dazu in der Lage sind, friedlich mit dem Verstandeszustand zu sein (zum Beispiel mit Besorgtheit), ohne zu versuchen, ihn loszuwerden oder erfreuliche Verstandeszustände zu halten, dann hört der Geist auf, jegliche Macht in unserem Leben zu haben.

Wenn wir das erkennen, können wir mit dem Verstand sein, ohne uns zu wünschen oder zu fordern, dass dieser Verstandesmoment anders sein sollte. Wir können ihn sehen und anerkennen und vor allem, ihm friedlich begegnen.

Jetzt können wir den Verstandeszustand der Niedergeschlagenheit erfahren und nicht niedergeschlagen sein; wir können den Verstandeszustand von Wut erfahren, aber nicht wütend sein; wir können den Verstandeszustand von Angst erfahren, aber nicht angstvoll sein.

Wir können einen Schritt von der Verstandesaktivität zurücktreten und sie als das erfahren, was sie wirklich ist: ein niemals endender Fluss an Gedanken, Launen, Gefühlen und Emotionen, entstehend aus einem anfangslosen Anfang und sich zu einem endlosen Ende hinbewegend. Das ist die Natur des Verstandes, den wir unseren nennen, für den wir Verantwortung übernehmen, aber den wir niemals wirklich kontrollieren können.

Unsere Einstellung ist wie immer sehr wichtig. Wenn wir uns dieser endlosen Prozession an Geisteszuständen bewusst sind, müssen wir ihnen friedlich begegnen und niemals aus einer feindseligen Haltung heraus. Schließlich kamen sie alle, um uns das gleiche zu zeigen, nämlich, dass alles vergänglich ist und nur die Kraft hat, die wir ihm geben.

Wenn sie kommen, müssen wir sie grüßen, aber keine Zeit mit ihnen verbringen. Sie dürfen da sein, aber wir haben nur flüchtiges Interesse an ihnen. So etwas ähnliches wie: „Oh, hallo Wut, mein alter Freund. Ich kann jetzt gerade nicht mit dir sein, denn im Moment muss ich den Atem beobachten. Du kannst bleiben, wenn du willst, aber ich habe keinerlei Interesse."

Es gilt natürlich für alle Verstandeszustände das gleiche. Durch die Klarheit von Verständnis, die wir mit der Vipassana Praxis entwickeln, können wir dem Verstand erlauben, ganz genau so zu sein wie er in diesem Moment

Vipassana

ist, ohne uns von ihm gestört zu fühlen. Wut ist nur Wut. Angst ist nur Angst. Zweifel ist nur Zweifel.

Hier befreien wir uns von der Quelle unseres Unglücklichseins: dem Geist selbst. Mit dieser neu gewonnenen Freiheit, erfahren wir das Leben auf viel offenere und vollkommenere Weise.

Für den Körper gilt dasselbe. Wir erfahren Hitze, Kälte, Freude, Schmerz und alle anderen körperlichen Gefühle ganz einfach als aufsteigende und vergehende Phänomene. Natürlich müssen wir in verschiedenen Situationen dem Moment entsprechend handeln, jedoch handeln wir immer aus Weisheit heraus und reagieren nicht bloß blind aus Angst heraus.

Innerhalb des Verstand-Körper-Komplexes (das, was wir „Selbst" nennen) vergeht alles, das entsteht und ist nicht das, was wir sind. Das ist ein wunderbar befreiender Grundsatz: Wir fangen an, ihn mehr und mehr intuitiv zu verstehen und erfahren das Leben somit spontan auf schönere und friedlichere Art und Weise, da wir die Bedingungen des Verstandes, die uns immer nur ins Unglücklichsein hineinführen, loslassen.

In der traditionellen buddhistischen Lehre wird dies als der Visudhimagga - Pfad der Reinigung - bezeichnet. Wir lassen die Bedingungen unseres Leids und Unglücklichseins los.

Der Ursprung all unserer Schwierigkeiten im Leben liegt nicht außerhalb von uns. Es sind nur Anhaftungen und der Glaube, dass der Geist, den wir wahrnehmen und das, was wir „Selbst" nennen , das gleiche sind. Sobald wir beginnen, von dieser bestimmten Täuschung zu erwachen, empfängt uns Freiheit.

Du bist nicht der Geist. Dieser Geist ist nicht das, was du bist, Freiheit ist nichts, das wir erlangen müssen, sie ist etwas, das wir erkennen können.

Vipassana Praxis (Teil Eins)
Bloße Achtsamkeit

Wie du bereits verstanden hast, ist die Vipassana Meditationspraxis fest in dem Berührungsgefühl des Atems verankert. Das konnten wir während der Woche mit der Anapanasati Praxis sehr gut erfahren. Sobald du das Berührungsgefühl des Atems als Meditationsobjekt wahrnehmen kannst, ist es Zeit, die Praxis zu öffnen und ganz einfach mit dem Verstand zu sein, während er sich in verschiedenen Momenten auf natürliche Art und Weise manifestiert. Das ist die Vipassana Praxis.

Während der Anapanasati Praxis war der Atem das Wichtigste und es war deine Absicht, die Achtsamkeit so lange auf ihn gerichtet zu halten, bis die Meditation zu Ende war. Sobald du merktest, dass die Achtsamkeit davon gewandert war, brachtest du sie sofort zum Berührungsgefühl des Atems zurück. Du brauchtest nicht einmal zu bemerken, wohin genau der Verstand gewandert war, du musstest ihn nur zum Atem zurückführen. An dieser Stelle trennen sich die zwei Praxen Anapanasati und Vipassana.

Nun ist die Anleitung, dass du, sobald du bemerkst, dass die Achtsamkeit nicht mehr auf den Atem gerichtet ist, du dir bewusst machst, wo sie hingewandert ist. Bemerkst du also, dass Gedanken aufsteigen, kehrst du nicht sofort zum Atem zurück, sondern erkennst das Geschehen ganz einfach innerlich an. Nachdem du das getan hast, kehrst du zum Atem zurück.

Hörst du ein Geräusch, dann gilt das gleiche. Du bemerkst, dass Hören geschieht, bevor du zum Atem zurückkehrst. Bemerkst du einen Geruch im Raum oder ein Gefühl im Körper, sei achtsam und kehre dann zum Atem zurück. Wir bemerken ganz einfach die natürlichen Bewegungen des Verstandes und sind in Harmonie mit ihnen. Somit gibt es nichts mehr, das uns von unserer Meditation ablenken könnte, denn was auch immer in unserem Verstand aufsteigt, wird zu unserem Meditationsobjekt in diesem Moment.

Diese Praxis wird als „bloße Achtsamkeit" bezeichnet, was bedeutet, dass wir jedem mentalen Objekt, das aufsteigt, gerade genug Aufmerksamkeit geben, um zu bemerken, dass es da ist, ohne uns ihm jedoch hinzugeben, oder es zu unterdrücken. Wir bemerken jeden Sinn, der stimuliert wird, sei es das Sehen, Schmecken, Fühlen, Hören, Riechen oder jegliche Verstandesbewegung, als natürliche Funktion des Verstandes- Körper-Komplexes. Nicht ich, nicht mein, nicht das, was ich bin. Wir entwickeln die Gewohnheit der wahllosen Achtsamkeit: Wir suchen nicht nach bestimmten Erfahrungen, sondern öffnen uns vollkommen und akzeptieren das, was der Verstand zeigt.

Ruhig und friedlich inmitten der unpersönlichen Bewegungen des Verstandes und des Körpers zu sitzen und sie ganz einfach zu bemerken, ist Vipassana Meditation.

In einfachen Worten geben wir dem Verstand unsere Erlaubnis, alles zu tun was er will, wir werden es friedlich beobachten.

Vipassana

In Indien kam ein Mann während des Retreats zu mir und sagte: „Jedes Mal, wenn ich meine Augen schließe, um zu meditieren, höre ich Lieder der Beatles in meinem Kopf. Was soll ich tun?"
Ich antwortete ganz einfach: „Let it be."

Das Lied zu hören ist nicht wichtig. Nur das Mitsingen bringt Probleme mit sich. Verstehst du?

Die Beschaffenheit eines Gedanken ist nicht wichtig. Der edle Gedanke, alle Wale im Meer zu retten, hat den gleichen Wert wie der unedle Gedanke, jemanden zu verletzen oder zu missbrauchen. Es sind nur Gedankenbewegungen, bedingt durch unsere Vergangenheit. Sie steigen auf und vergehen, ohne unsere Zustimmung. Du kannst sie nicht verändern, aber du kannst ihnen Achtsamkeit entgegenbringen und es ist genau diese Achtsamkeit, die ihnen die Kraft nimmt. Jetzt kannst du ihnen begegnen. Du kannst das tun, was angebracht ist. Verlierst du dich nicht in den Gedanken und unterdrückst du sie auch nicht, so fallen sie von alleine weg und du gehst den Pfad des Visudhimagga.

Es ist der Sinn der Praxis, dass wir die unpersönlichen Bewegungen des Verstandes wahrnehmen können und, indem wir achtsam sind, nicht von ihnen überwältigt werden und nicht denken, sie seien Realitäten für uns. Alles, was wir wahrnehmen, hat nur die Kraft, die wir ihm geben.

Das gleiche gilt für alle unsere Sinne. Ein Geräusch ist nur ein Geräusch; ein Geschmack ist nur ein Geschmack;

ein Gefühl ist nur ein Gefühl; ein Geruch ist nur ein Geruch und ein Anblick ist nur ein Anblick. Alles andere ist persönliche Einbildung. Gut oder schlecht, richtig oder falsch, schön oder hässlich sind nur Bewertungen des Geistes – ein Teil davon, wie wir leben, aber in sich keine Realitäten.

Um das zu veranschaulichen, stelle dir vor, du sitzt in einem gemütlichen, ruhigen Raum mit zwei Türen. Du bist friedlich und entspannt und ein Mann tritt durch die eine Tür herein und steht vor dir. Es ist genug, in diesem Moment zu bemerken: Mann. Du musst nicht bemerken, ob er groß oder klein, dick oder dünn oder jung oder alt ist. Einfach nur MANN zu bemerken ist genug, und wenn du ihn nicht dazu einlädst zu bleiben (Nachgeben) und auch nicht versuchst, ihn hinauszuwerfen (Unterdrückung), dann wird er von allein gehen. Wenn er auf diese Art und Weise geht (Loslassen), wird er niemals zurückkehren. Das ist der Prozess des Visudhimagga.

Als nächstes kommt eine Frau in den Raum und die gleichen Bedingungen gelten. Bemerke ganz einfach FRAU. Es gibt keinen Grund, darüber hinaus zu gehen und zu sehen, ob sie jung oder alt, groß oder klein oder dick oder dünn ist. FRAU ist genug, und wenn du sie nicht dazu einlädst zu bleiben und auch nicht versuchst, sie hinauszuwerfen, wird sie von allein gehen und niemals zurückkehren. Verschiedene Dinge kommen eins nach dem anderen in den Raum hinein und durch nicht anhaftende Achtsamkeit lassen wir sie los.

Vipassana

Wenn wir ein wenig loslassen, ist da ein wenig Frieden.
Wenn wir viel loslassen, ist da viel Frieden.
Wenn wir vollkommen loslassen: vollkommener Frieden.

Es ist wichtig, dass wir verstehen, dass wir immer nur von denjenigen Dingen loslassen, die uns ins Unglücklichsein hineinführen. Glücklichsein ist nichts, das wir noch erschaffen müssen. Es entspricht dem natürlichen Zustand des Geistes, glücklich zu sein. Alles, was wir tun müssen, ist von den Gewohnheiten des Verstandes loszulassen, die dieses uns innewohnende Glücklichsein verdecken.

Die Sonne scheint immer, selbst, wenn wir sie nicht sehen können. Wir müssen die Sonne nicht erschaffen, wir müssen nur warten, bis die Wolken, die sie verdecken, weiterziehen. Das ist die Praxis der Einsichtsmeditation, die als Vipassana bezeichnet wird.

Nun beginnen wir also unsere Praxis: Wir sitzen zwanzig Minuten lang, mit der Berührungsempfindung des Atems als Zentrum unserer Aufmerksamkeit (bloße Achtsamkeit) und den natürlichen, ungehemmten Bewegungen des Verstandes.

Bitte nimm deine Haltung ein und schließe deine Augen...

Vipassana Praxis (Teil Zwei)

Glücklichsein ist flüchtig und kann nicht dadurch garantiert werden, dass du das bekommst, was du willst. Während du deine tägliche Praxis der bloßen Achtsamkeit weiterführst, wirst du sehr bald bemerken, dass dein Verständnis sich auf natürliche und spontane Art und Weise vertieft. Beständigkeit ist der Schlüssel hierfür und es ist immer besser, jeden Tag für kurze Zeit zu sitzen, als einmal am Wochenende für sehr lange Zeit. Um dir dabei zu helfen, dieses Wesen, das wir „Selbst" nennen besser zu verstehen, ist hier eine kurze Geschichte aus der buddhistischen Tradition.

Der Buddha lehrte auf eine Art, die Menschen aller Lebenswege anzog. Von den Niedrigsten im Lande, bis zu den Höchsten suchten sie ihn auf, um Hilfe zu bekommen. König Pasenadi von Kosala und seine Frau Malika unterstützten den Buddha und waren seine Schüler, erhielten sogar Meditationsanleitungen von ihm. Das Land war in diesem Teil Indiens sehr schön und flach und König Pasenadi befahl den Bau eines prachtvollen Turmes, sodass er und seine Königin hinaufsteigen und ihr Königreich überblicken konnten. Oft ritten sie mit ihrem Gefolge aus, um den Frieden und die Stille auf dem Turm zu genießen und über das Land zu blicken, das sie regierten.

Als sie also einmal in Stille ganz oben auf dem Turm standen, hatten König Pasenadi und Königin Malika beide dieselbe intensive Meditationserfahrung. Sie sprachen nicht darüber, bis sie zurück am Boden waren und auf ihren Pferden saßen. Der König fragte seine Königin,

was ihr geschehen war. Sie antwortete, dass, während sie still und mit friedlich fokussiertem Geist auf dem Turm stand, sie eine tief greifende Einsicht über die wahre Natur ihres Lebens hatte. Sie verstand vollkommen und intuitiv, dass die Person, die sie am meisten von allen in der Welt liebte, sie selbst war! Das war unglaublich, denn König Pasenadi hatte dieselbe Einsicht, nämlich, dass die Person, die er meisten von allen in der Welt liebte, er selbst war. Sie hatten beide realisiert, dass sie, obwohl sie verheiratet waren, Kinder und viele andere Verwandte, Freunde und ihre liebsten Tiere im Palast um sich herum hatten, die Person, die sie in jedem Moment am meisten liebten, sie selbst waren. Sie sahen, dass auf jeder Ebene stets sie selbst und ihr persönliches Verlangen an erster Stelle für sie standen. Nachdem sie diese wunderbare Einsicht miteinander geteilt hatten, ritten sie zum Lager des Buddha, um ihm ihr Verständnis mitzuteilen.
„Das ist sehr gut," sagte der Buddha, nachdem sie ihm alles erklärt hatten. „Nun kann das spirituelle Leben wahrlich beginnen."

Jeder von uns lebt in einer selbst erschaffenen Welt. Diese Welt ist in unseren Gewohnheiten, was wir mögen und was wir nicht mögen begründet. Wir wählen immerzu aus, was wir lieber wollen als etwas anderes. In dieser Welt gibt es niemals Frieden, da es immer etwas Neues gibt, das wir wollen.

Wir stellen uns selbst und unser Verlangen in die Mitte dieser Welt und fordern, dass jeder und alles, dem wir begegnen, uns immer erfreuen und befriedigen müssen. Genau wie für König Pasenadi und Königin Malika ist die

Person, die wir am meisten lieben, wir selbst und wir tun beinahe alles, um diese manchmal subtilen und manchmal oberflächlichen Gefühle von Glücklichsein, die wir so sehr wollen, in uns herzustellen. Sind wir nicht dazu in der Lage, diese bestimmten Gefühle in einem Moment zu erfahren, dann geben wir Menschen und Dingen außerhalb von uns die Schuld daran, dass sie nicht perfekt für uns sind und uns enttäuschen.

Ohne es zu bemerken, versuchen wir, das gesamte Universum zu kontrollieren und bestehen darauf, dass jeder und alles immer so ist, wie wir es wollen. Wir wollen nicht, dass es regnet, wenn wir ein Picknick geplant haben und werden wütend, wenn es dann so ist. Wir erwarten, dass unser Kind gut in der Schule ist und sind enttäuscht, wenn es das nicht ist. Wir wollen, dass unsere Ehe für immer währt und leiden zutiefst, wenn sie scheitert. Wir tun etwas Freundliches für jemanden und sind unglücklich, wenn die Person uns keine Anerkennung entgegenbringt und sich noch nicht einmal bedankt.

Ohne Weisheit begegnen wir dem Leben auf diese Art und Weise. Wir platzieren uns selbst in der Mitte unseres eigenen Universums und haben sehr klare Vorstellungen davon, wie jeder und alles die ganze Zeit über zu sein hat. Da wir ständig versuchen, unser Streben nach Glück über die sich auf natürliche Weise entfaltenden Ereignisse hinwegzusetzen und nur Positives zu erfahren, während wir unangenehme Dinge verhindern wollen, bedingen wir überhaupt erst das Entstehen von Unglücklichsein. Dieses Unglücklichsein zeigt sich als Angst, Enttäuschung, Frustration, Wut und so weiter. Wir befinden uns in einem endlosen Kampf, in dem wir versuchen, alles zu kontrollieren, so dass wir uns im Leben sicher fühlen und glücklich sein können.

Wenn wir die Gefühle von Glücklichsein, nach denen wir so viel Verlangen haben, untersuchen, werden wir sehen, dass sie in drei verschiedenen Ideen begründet sind, die wir mit uns tragen und die auf unserer eigenen egoistischen Motivation basieren.

Die erste Idee ist diejenige, dass wir etwas bekommen wollen, das wir noch nicht haben, das uns aber glücklich machen wird. Das neue Smart Phone, Auto, Heimunterhaltungssystem, Beförderung bei der Arbeit, neue Beziehung... Die Liste ist endlos, wird aber immer durch den Gedanken: „Hätte ich bloß das, dann wäre glücklich." fortgeführt.

Wir können viele lange Jahre damit verbringen, die Idee zu verfolgen, dass die Vollendung unserer Wunschliste uns zu nie endendem Glücklichsein führen wird, aber in dem Moment, in dem wir das Ende unserer Liste erreicht haben und das Blatt wenden, sehen wir, dass sie endlos weitergeht. Und diese Liste besteht nicht nur aus Materiellem. Die Suche nach dem perfekten Partner, dem perfekten Job und dem perfekten Leben steht genauso darauf. Sogar politische, religiöse und soziale Ansichten sind Teil der Liste und sind in dem Gedanken begründet: „Wäre die Welt und alles, das sie enthält bloß genau so, wie ich sie gerne hätte, dann wäre ich glücklich."

Selbst wenn wir einen Weg finden, der uns einmal ins

Glück hineingeführt hat, gibt es keine Garantie, dass dieser noch einmal funktioniert. Die wundervolle Party letzten Freitagabend ist die Woche darauf vielleicht nicht mehr so wundervoll, selbst, wenn die gleichen Leute da sind, die gleiche Musik gespielt wird und sie am gleichen Ort stattfindet. Glücklichsein ist flüchtig und kann nicht dadurch garantiert werden, dass wir das bekommen, was wir wollen.

Die zweite Idee, die wir mit uns tragen, ist die des Vermeidens von etwas, von dem wir denken, dass es uns unglücklich macht. Die Liste der Dinge, denen wir unser Unglücklichsein zuschreiben, ist jedoch ebenfalls endlos. Eine Krankheit, Stress bei der Arbeit oder innerhalb der Familie, ein altes unzuverlässiges Auto, eine schwierige romantische Beziehung... Wir denken: „Hätte ich das bloß nicht, wäre ich glücklich."

An dieser Stelle müssen wir jedoch auch vorsichtig sein, da wir unser ganzes Leben damit verbringen können, uns gegen die Dinge zu wehren, die uns unglücklich machen. Solange wir unser Glücklichsein von äußeren Umständen abhängig machen, werden wir immer anderen Menschen und Situationen die Schuld dafür geben, wie wir uns fühlen.

Die dritte Idee, die wir mit uns tragen, und die sich auf unser endloses Streben nach Glück bezieht, ist die folgende: „Ich tue jetzt etwas, damit ich in der Zukunft glücklich sein werde." Es ist die Idee, dass wir die nächsten zehn Jahre hart arbeiten und Geld sparen werden, sodass wir früh in Rente gehen, eine Insel in der Sonne finden und eine Strand

Bar aufmachen können – dann werden wir glücklich sein! Es ist die Illusion, dass die Zeit jetzt gerade nicht zählt, sondern nur dazu dient, die Zukunft vorzubereiten.

Es ist nicht notwendig, erleuchtet zu sein, um den Irrtum darin zu erkennen. Das Leben ist unbestimmt und wir können uns nicht sicher sein, was in den nächsten zehn Minuten passieren wird und erst recht nicht in den nächsten zehn Jahren. Glücklichsein von etwas Unbestimmtem in der Zukunft abhängig zu machen ist nicht sehr weise und vor allem verpassen wir das, was jetzt gerade passiert.

Viel zu häufig wird das Glücklichsein als ein Ziel in der Zukunft angesehen: „Jetzt gerade bin ich nicht glücklich, aber wenn ich nur all die Dinge bekomme, die ich haben will und alle diejenigen Dinge loswerde, die ich nicht haben will, dann werde ich glücklich sein." Die Gesellschaft ist natürlich an dieser Illusion durch die Medien und Werbung mit beteiligt, da sie ständig Glücklichsein als ein Ziel in der Zukunft anpreist. Wenn du das richtige Auto, die richtige Frau, den richtigen Mann, das richtige Parfum und so weiter hast, dann wirst du glücklich sein. Natürlich bist du jetzt im Moment nicht gut genug, aber mit all diesen notwendigen Dingen, die wir dir verkaufen können, wirst du bald schon glücklich sein.

Das ist die große soziale Manipulation: Was auch immer du anstrebst, wird niemals genug sein.

Die Idee, jetzt etwas zu tun, um ein Ziel in der Zukunft zu erreichen, ist häufig der Grund dafür, warum Leute zur Meditationspraxis kommen. Das Gefühl ist in etwa so:

„Ich meditiere jetzt, sodass ich in der Zukunft erleuchtet (glücklich) sein werde."

Am Anfang ist diese Art zu denken noch akzeptabel, da wir das Gefühl haben müssen, dass die Meditation uns tatsächlich voranbringen wird, und dass wir einen Nutzen aus ihr ziehen können. Wegen unserer zielorientierten Kultur, fällt es uns schwer, dieses logische Denken zu ignorieren, bevor besseres Verständnis aufsteigt.

Eine Frau kam einst zu mir, um bei mir Meditation zu lernen. Als ich sie fragte, warum sie diese wundervolle Praxis beginnen möchte, antwortete sie: „Weil ich aufhören möchte, andauernd so wütend zu sein." Das scheint mir ein sehr guter Grund zu sein, um zu beginnen.

Durch das Verständnis, das wir mit unserer Praxis kultivieren, werden wir direkt und intuitiv die wahre Natur des Verstandes und des Körpers erkennen und dadurch in Frieden und Harmonie mit ihnen leben. Wir werden uns selbst in den jetzigen Moment hineinbringen und den Versuch loslassen, Glück als etwas in der Zukunft anzustreben.

Der Sinn von Anapanasati ist es zum Beispiel, auf das Gefühl zu achten, das im Körper beim Atmen entsteht. Es geht nicht darum, besondere Gefühle von Frieden und Ruhe zu erschaffen. Und doch, sitzen wir still mit Anapanasati und ohne äußeren Anlass, steigen Frieden und Ruhe von ganz allein auf. Wie mit allen Dingen ist es unsere Einstellung und unsere Absicht, die dem, was wir tun Wert gibt.

Vipassana

Es war einmal ein junger Schüler, der sehr versessen auf seine Meditationspraxis war. Er kam früh am Morgen vor allen anderen in die Meditationshalle und er blieb länger als alle anderen. Er widmete seine ganze Zeit der Meditation.

Eines Tages bemerkte der Meister seinen jungen Schüler allein in der Meditationshalle, trat hinein und setzte sich still neben ihm hin.

„Was tust du?" fragte der Meister.

„Ich meditiere, um Erleuchtung zu erlangen," antwortete der Schüler.

Daraufhin stand der Meister auf und ging aus der Meditationshalle hinaus. Ein paar Minuten später kam er mit einem kleinen Stein zurück, den er aus dem Garten geholt hatte. Nachdem er sich wieder neben den Schüler gesetzt hatte, begann er, den Stein an seiner Robe zu reiben.

Der Schüler war unfähig, dieses eigenartige Verhalten zu ignorieren und er fragte: „Meister, was tust du da?"

Der Meister antwortete: „Ich poliere diesen Stein, um einen Diamanten zu erzeugen."

Der Schüler war überrascht. „Wie sollte das Polieren eines Steines, einen Diamanten erzeugen?"

Der Meister antwortete: „Wie sollte das Sitzen in Meditation Erleuchtung erzeugen?"

In unserem Leben geht es immer um diesen Moment jetzt gerade. Alles, was nicht dieser Moment ist, ist eine Vorstellung, eine Idee. Die Vergangenheit ist nur eine Erinnerung und eine Erinnerung ist nur ein Gedanke. Und wann erfährst du diesen Gedanken? Jetzt, immer nur jetzt! In Wahrheit ist es immer jetzt und kann immer nur jetzt sein. Du kannst nur jetzt etwas tun; jetzt kannst du dein eigenes Glücklichsein erkennen, indem du diejenigen Zustände des Verstandes loslässt, die dich dazu bringen, dieses Glücklichsein außerhalb des Moments zu suchen. War ich damals glücklicher...? Werde ich später mal glücklicher sein...?

Unsere Einstellung zur Praxis und zum Leben selbst ist das Wichtigste. Die Wirklichkeit so zu sehen wie sie in jedem einzelnen Moment tatsächlich ist und nicht von Erscheinungen in die Irre geführt zu werden, bringt Gefühle von Freude und Freiheit mit sich, die unvorstellbar sind, bis du sie selbst erfährst.

Die Vipassana Lehre ist also: „Geh nicht im Verstand verloren." Alles entsteht und vergeht gemäß seiner Natur. Nichts davon gehört dir, nichts davon bist du. Sobald sich dieses Verständnis fest in uns verankert, steigt auch unsere Lebensqualität ganz von selbst.

Vipassana zeigt uns die Natur des Verstandes und des Lebens selbst und wie wir friedlich in einer Welt leben können, in der wir von unzähligen Dingen umgeben sind, die wir nicht kontrollieren können. Das beinhaltet nicht nur unseren Körper und unseren Geist, aber es beginnt mit diesen. Um friedlich in der Welt leben und wahres Glücklichsein erfahren zu können, müssen wir den Versuch aufgeben, alles und jeden zu kontrollieren und uns den grenzenlosen Möglichkeiten öffnen, die das Leben uns schenkt. Wir legen die Einschränkungen ab, die wir uns selbst auferlegt haben. Wir müssen allem erlauben, genau so zu sein, wie es ist und jeder Situation aus Weisheit und

nicht aus Angst heraus begegnen.
Oberflächlich gesehen müssen wir natürlich in der Welt leben und für uns selbst und diejenigen, für die wir uns verantwortlich fühlen Entscheidungen treffen. Mit unserem wachsenden Verständnis durch die Praxis werden wir jedoch intuitiv wissen, wann wir still sein sollten, wann wir sprechen sollten, wann wir planen sollten und wann wir das Leben einfach seine eigene Richtung einschlagen lassen sollten.

Bitte nimm deine Haltung ein, schließe deine Augen und führe diese wunderbare Vipassana Praxis fort, im Stile der bloßen Achtsamkeit.

Woche Drei

Das Öffnen des spirituellen Herzens
Metta Bhavana (Liebende Güte Meditation)
*Mit den Dingen zu leben,
die wir nicht mögen, ist kein Problem.*

Mit der Entwicklung der Anapanasati Praxis bist du dazu in der Lage, deine Aufmerksamkeit auf dem Berührungsgefühl des Atems in den Nasenlöchern ruhen zu lassen. Mit der Entwicklung der Vipassana Praxis bist du dazu in der Lage, die wahre Natur des Verstandes und des Körpers zu erfahren, ohne darauf zu reagieren.

Nun kommt die Entwicklung des dritten Teils der Praxis, der in Buddhas Sprache Pali, Metta Bhavana genannt wird, und allgemein als Liebende Güte bezeichnet wird. Es ist diese so wichtige Praxis, die Harmonie in unser Leben bringt, da wir Schritt für Schritt von unserer in Angst begründeten Art zu leben, loslassen. Zunächst müssen wir jedoch die Bedeutung des Wortes „Liebe" verstehen.

In der spirituellen Lehre kann man sagen, dass es zwei verschiedene Arten von Liebe gibt: Das, was wir Liebe nennen und das, was Liebe tatsächlich ist. Aus der Vipassana Perspektive ist das, was wir normalerweise Liebe nennen – das Verlieben und Entlieben, das, worüber wir Lieder und Theaterstücke schreiben und Filme machen – nicht Liebe. Es ist Anhaftung.

Wir lieben unsere Eltern, weil sie unsere Eltern sind. Wir lieben unseren Partner, weil er unser Partner ist. Wir lieben unsere Kinder, weil sie unsere Kinder sind. Wir lieben nicht alle Kinder! Würden wir alle Kinder lieben, dann würden wir jeden auf der Welt lieben, denn jeder ist das Kind von jemandem.

Romantische oder emotionale Liebe ist immer nur eine Anhaftung an etwas. Daran ist nichts falsch und das einzige, das wir verstehen müssen, ist, dass alles, an das wir uns anhaften, uns verletzen wird. Wenn es unser Kind ist, das krank ist, dann leiden wir. Wenn es unsere Sportmannschaft ist, die verliert, dann leiden wir. Leiden ist immer durch Anhaftung bedingt, sei es eine Person, ein materielles Besitztum oder spirituelle, politische oder religiöse Ideen. Woran wir auch anhaften, es wird uns verletzen.

Es ist wichtig, dass wir das verstehen. Es ist nichts falsch an Anhaftung; sie kann ein spaßiges Spiel sein, solange wir ihre andere Seite akzeptieren.
Spirituelle Liebe (Metta Bhavana) ist eine nicht anhaftende Beziehung mit dem Leben und allem, das es beinhaltet. Während romantische Liebe immer mit einer Liste an Bedingungen verbunden ist, stellt Metta Bhavana keinerlei Bedingungen an die Beziehung.

Romantische Liebe sagt häufig: „Du sollst anders sein (sodass ich glücklich sein kann)." Spirituelle Liebe sagt: „Ich akzeptiere dich ganz genau so wie du bist (weil mein Glücklichsein weder von dir kommt, noch von dir abhängt)."

Spirituelle Liebe ist die Fähigkeit, die Dinge so lassen zu können, wie sie sind, ohne zu fordern, dass sie anders sein sollten. Die Frage, über die du an dieser Stelle ernsthaft nachdenken solltest, ist folgende: Warum forderst du, dass etwas anders sein sollte, als es ist?
Die Antwort: Damit du glücklich sein kannst natürlich!

Eine Schülerin von mir rief mich einmal an, um mir zu erzählen, dass sie eine neue Beziehung mit einem Mann angefangen habe. „Er ist wirklich wundervoll," sagte sie „ich muss ihn nur ein wenig ändern."

Spirituelle Liebe kann als bedingungslose Akzeptanz bezeichnet werden und ist die wahre Kraft in unserem Leben. Mit den Dingen zu leben, die wir mögen, ist nicht schwer. Welpen und Katzenbabys, freundliche und wohlgesittete Menschen und weise spirituelle Lehrer sind einfach, aber unser tägliches Leben, in dem wir von vielen Dingen umgeben sind, die wir nicht mögen, ist nicht so einfach.

Arrogante Menschen, laute Nachbarn, Mücken, Hunde, welche die ganze Nacht über bellen sind nur einige Beispiele für Schwierigkeiten. Diese Dinge können uns unser Leben unerträglich erscheinen lassen und wir kämpfen und streiten, um alles anders zu gestalten, so dass es uns besser passt. Dieser Kampf endet nie, bis wir unsere gesamte Perspektive gegenüber dem Leben verändern und liebevoll beginnen, die Dinge zu akzeptieren.

Hier müssen wir verstehen, dass Liebe nichts mit Mögen zutun hat. In unserer Metta Bhavana Praxis werden wir nicht auf einmal anfangen, alle die Dinge zu mögen, die wir eigentlich nicht mögen. Mögen und nicht mögen sind natürliche Verstandesvorgänge, und wenn wir etwas nicht mögen, dann mögen wir es nicht – es gibt keinen Grund, so zu tun, als wäre das anders.

Doch selbst wenn wir etwas nicht mögen, können wir es lieben. Wir können es ohne Forderungen akzeptieren. Aus einer Position bedingungsloser Akzeptanz heraus können wir der Welt weise begegnen. Eine blinde Reaktion entsteht aus Angst (dem Gegenteil von Liebe) und aus dem Verstand heraus, der schreit: „Es sollte nicht so sein!" Begegnen wir dem Moment mit Liebe, dann sagt der Verstand: „Es ist so wie es ist, was möchte ich also in dieser Situation tun?"

Wenn wir wirklich selbst der Grund für unser Unglücklichsein sind, dann können wir auch etwas daran ändern. Wir müssen nicht warten, bis unser Partner anders ist, bevor wir glücklich sein können. Wir müssen nicht warten, bis unsere Kinder anders sind, sodass wir glücklich sein können. Wir müssen nicht warten, bis die Welt anders ist, sodass wir glücklich sein können. Glücklichsein ist direkt hier, jetzt gerade und alles was wir tun müssen, ist, uns wieder mit ihm zu verbinden.

Unsere Erfahrung von Unglücklichsein beginnt und endet mit unserem eigenen Verstand, nicht außerhalb von ihm. In dem Moment, in dem wie die Art und Weise, wie wir unser Leben sehen, ändern und mit bedingungsloser Akzeptanz unser Herz öffnen, fällt unser Unglücklichsein weg. Von allein. Wir müssen es nicht loswerden, wir müssen nur unseren Griff lockern, und dann wird es von allein wegfallen. Metta Bhavana ist das Lösen der Faust, die sich um unser Unglücklichsein herum schließt.

Wenn wir an nichts Forderungen stellen, leben wir friedlich mit allem, was in diesem Moment passiert. Selbst, wenn wir es nicht wollen, selbst, wenn wir es nicht mögen und es schmerzhaft ist, akzeptieren wir dennoch die Realität dieses Moments. Das bedeutet außerdem, dass wir ganz von selbst aufhören, andere zu beurteilen und zu kritisieren und beginnen, die folgenden Sätze zu verstehen:

Wesen sind so wie sie sind; das ist ihre Wahl.
Aber du bist so wie du bist und das ist deine Wahl.

Unsere gesamte Dhamma Praxis kann nun auf sehr einfache und dennoch sehr tief gehende Art und Weise verstanden werden:

Mit Achtsamkeit sehen wir.
Mit Liebe akzeptieren wir.
Mit Weisheit begegnen wir dem Moment.

Das ist Dhamma.

Die Liebende Güte Meditation erlaubt uns, unser Verlangen danach, alles und jeden zu kontrollieren, zu sehen und dann loszulassen. Dennoch gibt es einen bestimmten Punkt, der für ein vollkommenes Verständnis absolut entscheidend ist: Bevor wir Liebe (bedingungslose Akzeptanz) gegenüber anderen empfinden können, müssen wir sie zuerst uns selbst gegenüber empfinden.

Es ist so, als würde ich dich zu einem Essen in meinem Haus einladen. Bevor ich das Essen mit dir teilen kann, muss ich es zuerst überhaupt selbst haben. Sobald ich es habe, kann ich es mit anderen teilen. Das ist das Verständnis von Liebender Güte.

Liebende Güte bedeutet, dass wir ein Herz in uns ausbilden, das bedingungslos und allumfassend akzeptiert. Es wählt nicht aus, sondern teilt sich selbst mit allen Wesen. Freunde und Feinde werden gleichermaßen zu Objekten dieser Praxis, während wir mehr und mehr mit allen Wesen, ganz genau so wie sie sind, in Frieden leben.

Wir werden verstehen, dass alle grausamen, unfreundlichen und egoistischen Taten von einem Verstand kommen, der nicht in Harmonie mit sich selbst lebt und immer noch unter dem Einfluss von Verlangen und Abneigung steht. Die Person, die fortwährend diese Verstandesbeschaffenheiten verstärkt, wird früher oder später der Konsequenz daraus begegnen.

Es ist das Potenzial aller menschlichen Wesen, ein in Liebe gründendes Leben zu führen. Ein Leben, in dem sie etwas Wertvolles in alle ihre Beziehungen hineintragen und immer stark sein werden. Die Person, die Liebende Güte lebt, kann in keiner Situation jemals das Opfer sein.

Eine Schülerin fragte mich einmal: „Wenn ich nur Liebe in meinem Herzen trage, werden mich dann andere nicht ausnutzen?"
Ich antwortete: „Wenn andere dich ausnutzen, dann liegt das daran, dass du keine Liebe in deinem Herzen trägst."

Die erste Person, die wir lieben müssen, sind wir selbst. Wie können uns andere missbrauchen, wenn wir uns wahrlich selbst lieben? Liebe wird das nicht erlauben, weder für uns selbst, noch für andere. Im liebenden Herzen lösen sich Beurteilung und Kritik auf. Das bedeutet nicht, dass wir unfähig sind, in der Welt zu handeln, wir hören nur auf, andere zu manipulieren, sodass wir uns selbst emotional und psychologisch sicher fühlen können.

In dieser Praxis ist es unser Wunsch, dass alle Wesen, ohne jegliche Ausnahme, glücklich und gesund sein mögen. Dieser Wunsch beginnt mit uns selbst. Liebende Güte beginnt in unserem Herzen: Zuerst an uns selbst gerichtet und dann in die Welt und das Universum und zu allen lebenden Wesen hin ausstrahlend. Mögen und nicht mögen, Zustimmung und Ablehnung sind von keinerlei Belang. Mögen und nicht mögen sind etwas vollkommen Persönliches und in unseren alten Verstandesgewohnheiten begründet. Liebe ist universell und bezieht sich auf alle Wesen gleichermaßen, egal, ob wir ein gutes Gefühl ihnen gegenüber haben oder nicht.

Vipassana

Metta Bhavana: Die Meditation

Am Ende deiner zwanzigminütigen Vipassana Meditationspraxis wirst du deine Liebende Güte Praxis beginnen. Die eine Praxis geht pausenlos in die andere über.

Zunächst lösen wir unsere Aufmerksamkeit vom Atem und richten sie leicht auf unsere Schädeldecke. Nimm ganz einfach wahr, ob du irgendwelche Gefühle an dieser Stelle des Körpers spürst und halte deine Aufmerksamkeit dort. Wenn du etwas spürst, dann ist das gut. Wenn du nichts spürst, ist das auch gut. In der gesamten Vipassana Praxis versuchen wir niemals, etwas Besonders während der Meditation wahrzunehmen. Wir sind ganz einfach mit den Dingen wie sie sind.

Nun bewegen wir unsere Achtsamkeit nach unten durch den Körper hindurch und bemerken wieder die Gefühle, die wir möglicherweise wahrnehmen. Das sollte ungefähr eine Minute lang dauern. Wenn du bei deinen Fußsolen angekommen bist, führe deine Achtsamkeit zurück zum Atem. Diese einfache Übung gibt uns ein „Gefühl von Selbst," etwas, auf das wir unsere Liebende Güte richten können und von dem aus wir sie später nach außen richten können.

In dieser Liebenden Güte Meditation wünschst du dir selbst die Freiheit von acht unheilsamen Verstandeszuständen – jene Verstandeszustände, die dich nur ins Unglücklichsein hineinführen, wenn du sie verstärkst. Sie sind nicht falsch, gefährlich oder böse, sondern ganz einfach nicht förderlich und tragen letztendlich nichts zu deinem Glücklichsein bei.

Diese acht nicht förderlichen Verstandeszustände sind folgende: Wut, Böswilligkeit, Angst, Sorge, Leiden, Schmerz, Unwissenheit und Verlangen.

Dann wirst du beginnen, fünf förderliche Verstandeszustände auszubilden. Das sind: Glück, Friedlichkeit, Ausgeglichenheit, Befreiung von Gier, Hass und Verblendung und die Erkenntnis des uns bereits innewohnenden tiefen Friedens.

Wenn du diese wundervolle Formel mental rezitierst, musst du jedem einzelnen Satz innerlich Kraft geben, um ihm Lebendigkeit und Bedeutung zu verleihen. Ich bin mir sicher, dass es möglich ist, einem Papageien beizubringen, die Liebende Güte Verse aufzusagen, aber nur, weil er die Worte wiederholen kann, heißt das nicht, dass er ihre Bedeutsamkeit versteht! Wenn du dein Herz und damit dein Leben verändern willst, dann musst du dich bemühen.

Liebende Güte Meditation (1)

Möge ich frei von Wut und Böswilligkeit sein.
Möge ich frei von Angst und Sorge sein.
Möge ich frei von Leiden und Schmerz sein.
Möge ich frei von Unwissenheit und Verlangen sein.
Möge ich glücklich und friedlich sein.
Möge ich ausgeglichen sein.
Möge ich befreit von Gier, Hass und Verblendung sein.
Möge ich den mir bereits innewohnenden tiefen Frieden erkennen.

Mögen alle Wesen frei von Wut und Böswilligkeit sein.
Mögen alle Wesen frei von Angst und Sorge sein.
Mögen alle Wesen frei von Leiden und Schmerz sein.
Mögen alle Wesen frei von Unwissenheit und Verlangen sein.
Mögen alle Wesen glücklich und friedlich sein.
Mögen alle Wesen ausgeglichen sein.
Mögen alle Wesen befreit von Gier, Hass und Verblendung sein.
Mögen alle Wesen den ihnen bereits innewohnenden tiefen Frieden erkennen.

Es ist wichtig, dass wir verstehen, dass die acht unheilsamen Bedingungen des Verstandes alte und bekannte Freunde sind, und obwohl wir ihnen nicht mehr begegnen wollen, werden sie uns trotzdem immer noch von Zeit zu Zeit besuchen. Die Lehre der Liebenden Güte besagt nicht, dass wir diese Verstandesbeschaffenheiten vernichten müssen, wenn sie vor uns auftauchen, sondern nur, dass wir sie mit Achtsamkeit sehen und ihnen mit Liebe erlauben mögen, da zu sein, ohne auf sie zu reagieren. Auf diese Weise werden sie mit der Zeit auf sanfte und beständige Art und

Weise von selbst verschwinden (Visudhimagga).

Beginne nun also den ersten Teil der Liebende Güte Praxis, angefangen mit dem Wunsch: „Möge ich frei von..."

Möge ich frei von Wut...

Immer wenn Wut anwesend ist, verwandeln wir uns in gefährliche Menschen. Selbst wenn wir unsere Wut rechtfertigen und erklären können, kann sie niemals gute Folgen nach sich ziehen. In einem Zustand von Wut können wir andere durch unsere Taten und Worte verletzen und unsere Lebenserfahrung zeigt uns, dass es oft schon zu spät ist, um sich zu entschuldigen.

Der Buddha erinnert uns daran, dass wir gegenüber einem Feind bereits verloren haben, wenn wir in Wut ausbrechen. Es ist besser, von dem Verlangen gegen den anderen anzugehen, loszulassen und in unserer liebevollen Mitte zu bleiben.

Von diesem unförderlichen Verstandeszustand frei zu sein bedeutet, dass wir unser Leben friedlicher und ausgeglichener gestalten und gleichzeitig keinen Schmerz und kein Unbehagen durch unser schlechtes Verhalten in anderen auslösen. Ohne Wut in unserem Leben werden wir nicht leiden oder, im gebräuchlichen Sinne, der Grund für das Leid anderer sein.

...und Böswilligkeit sein.

Böswilligkeit bedeutet, eine schlechte Absicht in Bezug

auf eine andere Person zu haben und ist, so wie Wut auch, ein Ausdruck unseres eigenen Unglücklichseins. Wenn du wütend bist, bist du nicht glücklich; wenn du glücklich bist, bist du nicht wütend. Die beiden Geistezustände können nicht im gleichen Moment innerhalb des gleichen Raumes bestehen.

Böswilligkeit bedeutet, dass wir anderen ihr Glück nicht gönnen und ihnen häufig sogar Leid wünschen. Es liegen keine Freude und Leichtigkeit in diesem bestimmten Verstandeszustand und er kann, wenn er nicht durch die Vipassana Praxis losgelassen wird, sogar Krankheit im Körper auslösen.

Möge ich frei von Angst...

Angst ist der größte Einfluss in unserem Leben. Während Glücklichsein unser gemeinsames menschliches Ziel ist, ist Angst unsere gemeinsame menschliche Erfahrung. Wir haben vor so vielen Dingen Angst, dass das Leben aufhört, eine freudvolle und aufregende Erfahrung zu sein und sich in einen Kampf verwandelt, in dem es darum geht, alles zu kontrollieren, sodass alle die Dinge, an denen wir anhaften, sicher sein können.

Wir haben Angst davor, älter zu werden, zu sterben, krank zu werden, von etwas getrennt zu werden, etwas zu verlieren, Dinge ertragen zu müssen, die wir nicht mögen, Dinge, die wir lieben, zu verlieren. Es gibt so viele Gründe, Angst zu haben, aber eigentlich fürchten wir uns nur vor dem Leben selbst!

Die Erfahrung von Angst ist keine angenehme, nichts wonach wir suchen, und doch ist sie fast immer da. Sie beeinflusst uns gedanklich und körperlich und ist das Haupthindernis zur Weisheit. Die Macht von Angst ist gewaltig und wir müssen nicht derjenige sein, der sie erfährt, um ihre Auswirkungen wahrzunehmen. Die Angst jedes Wesens offenbart sich mit unterschiedlichem Ausmaß in unserer Welt.

Angst engt den Verstand ein, reduziert unsere Möglichkeiten und hemmt die Gefühle bedingungsloser Liebe. Aus allen diesen und anderen Gründen ist Angst ein Verstandeszustand, von dem wir uns Freiheit wünschen.

...und Sorge sein.

Besorgtheit ähnelt Angst sehr stark. Sie ist ein unangenehmes Gefühl und kann leicht im Körper wahrgenommen werden. Jeder, der schon einmal darauf gewartet hat, gleich zum Arzt oder zum Bankdirektor hineinzugehen, weiß genau, wie sich Gefühle von Besorgtheit anfühlen. Mit verkrampftem Magen, trockenem Mund und verschwitzten Handflächen dazusitzen, ist keine angenehme Erfahrung und wir fühlen uns weit entfernt von Gelassenheit. Die Langzeitwirkung von Besorgnis kann zu Krankheiten im Körper führen und somit kann Freiheit von ihnen, sowohl mental als auch körperlich, nur förderlich für uns sein.

Möge ich frei von Leid...

Leid bedeutet hier geistiges Elend, so wie Kummer,

Trauer, Klage und andere Verstandeszustände, die wir mit Verlust oder Trennung assoziieren. Frei vom Schmerz dieser Gefühle zu sein, bedeutet, dass wir die Wahrheit aller Beziehungen verstanden haben und in Harmonie mit ihr leben: Alles, was beginnt, muss enden und alles, was zusammenkommt, wird sich trennen.

Egal, ob dieses Ende endgültig ist, so wie der Tod eines geliebten Menschen oder Tieres, oder vorübergehend, wenn wir uns am Flughafen oder auf dem Bahnhof verabschieden, diese sich verändernden Umstände sind ein natürlicher Teil des Lebens und wir werden in der Lage sein, friedlich mit ihnen umzugehen.

„Möge ich frei von Leid sein" bedeutet, dass wir ausgeglichen und friedlich in der Welt leben, indem wir aufhören zu versuchen, an den Dingen festzuhalten, die sich aufgrund ihrer eigenen Natur von uns fortbewegen.

Alles, das geboren wird, muss sterben. Das ist eine unveränderliche Wahrheit und egal, wie unerträglich es uns erscheinen mag, jeder einzelne von uns wird eines Tages den Tod von jemandem oder etwas, das wir lieben, erleben. Wenn wir die wahre Natur aller Beziehungen verstanden haben, werden wir sie friedlich und mit vollkommener Akzeptanz loslassen können. Das bedeutet es, wahrhaftig frei von Leid zu sein.

...und Schmerz sein.

Schmerz bedeutet, physischer Schmerz. Niemand genießt es, Schmerzen im Körper zu haben, aber wir alle müssen sie manchmal aushalten. Schmerz ist im Leben unvermeidlich, genauso wie Alter, Krankheit und Tod. Alle diese Dinge gehören zur Natur des Körpers. Einen Körper zu haben bedeutet, dass wir immer anfällig für Schmerzen sein werden, da es das Wesen des Körpers ist, schmerzhaft zu sein. Egal, welche Haltung wir einnehmen mögen, sei es im Bett, in einem Sessel oder ganz einfach auf dem Boden sitzend, schmerzhafte Gefühle werden aufsteigen und wir verändern unsere Haltung immerzu, um Schmerz zu vermeiden. Dieser Prozess ist jedoch endlos und wir verbringen unser gesamtes Leben damit, uns von schmerzhaften Bedingungen fortzubewegen, nur um zu bemerken, dass meist schon sehr bald neue auf uns warten.

„Möge ich frei von Schmerz sein" bedeutet nicht „Möge Schmerz niemals in meinem Körper aufsteigen." Es bedeutet: „Möge ich die wahre Natur von Schmerz verstehen und somit aus dem ewigen Kreislauf von Bewegung und Stillsein herausgelöst sein." Es ist wahr, dass in dem Moment, in dem Weisheit aufsteigt, Schmerz aufhört.

Möge ich frei von Unwissenheit...

Unwissenheit ist die Grundlage mangelnder Weisheit. Wenn wir etwas nicht wissen, dann wissen wir es ganz einfach nicht. In diesem Sinne könnten wir sagen, dass es ein schuldloser Zustand ist. Unser gewöhnliches Leben ist jedoch absolut in Unwissenheit begründet.
Es ist so, als lebten alle in einem vollkommen dunklen Raum. Wir haben Augen und können nichts sehen. Obwohl niemand irgendetwas sehen kann, bewegen wir uns umher,

stoßen Gegenstände und Möbel um, laufen ineinander hinein und tun einander dabei weh. Und wenn wir uns verletzen, während wir im Dunkeln blind umherirren, sagen wir immerzu das gleiche zueinander: „Es ist deine Schuld, dass ich verletzt bin, du hast mir das angetan!"

Das ist die Natur von Unwissenheit. Sie ist kein Verbrechen und keine Sünde, aber sie ist die Grundlage von Unglücklichsein.

...und Verlangen sein.

Verlangen ist das, was sich aus Unwissenheit heraus entwickelt. Es ist Verlangen, das uns in dem dunklen Raum auf unserer endlosen Suche nach Glücklichsein umherlaufen lässt. Wenn Verlangen aufsteigt, tun wir alles, um unser Ziel zu erreichen. Verlangen basiert immer auf Eigennutz. Fällt Unwissenheit also weg, dann hat Verlangen nichts mehr, woran es sich halten kann. Die Folge davon ist ein harmonisches, friedliches Leben, das aus dem offenen liebevollen Herzen aufsteigt.

Wahrscheinlich fragst du dich, wie es möglich ist, ohne Verlangen zu leben.

Ohne Unwissenheit kann sich Verlangen an nichts halten und somit bleiben nur noch Vorlieben im Leben. Wenn jemand dir Tee oder Kaffee anbietet, dann kannst du ganz einfach sagen, was du lieber hättest. Hast du allerdings nach Tee gefragt und dir wird trotzdem ein Kaffee serviert, kannst du ihn freundlich annehmen und genießen. Das liegt daran, dass der Tee nur eine Vorliebe und kein Verlangen war. Kaffee zu trinken und sich gleichzeitig zu wünschen, man tränke Tee, führt nur zu mehr Leiden!

Man sagt, dass es im Herzen der weisen Person kein Verlangen, sondern nur Vorlieben gibt. Auf diese Weise kannst du einfach und behaglich in der Welt leben.

Die fünf förderlichen Zustände:

Möge ich glücklich...

Es scheint schon fast ein spirituelles Geheimnis zu sein, aber die Wahrheit ist, dass wir das gleiche Recht auf Glücklichsein haben wie jeder andere auch – nicht mehr, aber auch niemals weniger.
Wenn sich das egoistisch für dich anhört, dann denke bitte einen Moment lang nach.
Wenn du glücklich bist, dann ist es eine Freude, mit dir zusammen zu sein. Du bist freundlich, großzügig und vergnügt. Es ist schön, in deiner Gesellschaft zu sein und du teilst deine besten Eigenschaften. Welchem Verstandeszustand wir auch begegnen, wir teilen ihn mit der Welt – gut oder schlecht, glücklich oder unglücklich. So ist es für jeden.

Erinnere dich daran, wie es war, ein Kind zu sein, während deine Mutter gut gelaunt war. Sie spielte mit dir, nahm dich mit in den Park und ließ dich die Schüssel beim Backen auslecken. War sie allerdings schlecht gelaunt, dann war es das Beste, ihr aus dem Weg zu gehen. Nicht nur Mütter sind so, es ist generell so. Es ist also das Beste für dich, glücklich zu sein und dieses Glück mit der Welt zu teilen.

Wahres Glücklichsein ist allerdings nicht davon abhängig, dass immer wieder noch ein weiteres selbstzentriertes Verlangen befriedigt wird. Es ist viel eher das Gegenteil. Glücklichsein bedeutet, dass wir jeglichen Eigennutz verlieren und damit in der Lage sind, das Leben zu leben, ohne fortwährend nach Abwechslung und Ablenkung zu suchen, um es besser zu machen. Es bedeutet, dass wir das Leben auf einfache und förderliche Weise führen und Freude an den einfachsten Dingen finden können, weil wir jeden Moment so genießen, wie er kommt.

...und friedlich sein.

Friedlichkeit ist ein wahres Geschenk in unserem Leben: Die Fähigkeit, die Dinge klar zu sehen und aufzuhören, unsere emotionale Achterbahn zu fahren. In einem Leben, das in Weisheit begründet ist, werden wir den Situationen achtsam begegnen, anstatt nur blind zu reagieren. Diese achtsame Begegnung mit jeder Situation entsteht aus der Akzeptanz der Realität des Moments heraus, Reaktion entsteht aus Angst heraus und drückt sich in der Stimme aus, die ständig schreit: „So sollte es nicht sein!"

Alles in unserem Leben verändert sich immerzu. Aufgrund der liebevollen Haltung, die wir nun dem Geist gegenüber einnehmen , können wir die Dinge mit Klarheit sehen. Das erzeugt inneren Frieden.

Es ist wahr, dass einige Menschen Situationen begegnen, die sie als Problem empfinden, während andere Menschen Probleme ganz einfach als Situationen empfinden – etwas, dem sie begegnen und durch das sie sich hindurchbewegen.

Indem wir uns daran erinnern, dass die Welt, die wir wahrnehmen, die Welt ist, die wir uns in jedem Moment selbst erschaffen, werden wir dazu in der Lage sein, die Dinge klar zu sehen und nicht überzureagieren.

Möge ich ausgeglichen sein.

Ausgeglichenheit ist der Schlüssel zur Liebenden Güte. Friedlich inmitten all der Dinge zu leben, die in der Welt Frustration und Genervtheit auslösen, ist etwas sehr Bewundernswertes. Das Geheimnis dahinter ist ganz einfach nichts dagegen zu haben, wie die Welt sich zeigt, sondern die Realität anzunehmen und dann bedacht zu reagieren.

Durch die Vipassana und Metta Bhavana Praxis entwickeln wir eine ausgeglichene Beziehung zu diesem Geist und diesem Körper, wodurch wiederum eine ausgeglichene Beziehung mit dem Leben entsteht.

Es ist unsere Beziehung zu Verstand und Körper, die unsere Beziehung zum Leben bestimmt. Aus einer ausgeglichenen Haltung heraus bringen wir etwas Wertvolles in jede Situation, anstatt nur unseren Teil zur Verwirrtheit in der Welt beizutragen.

Möge ich frei von Gier, Hass und Verblendung sein.

Das sind die drei Feuer, die in uns allen brennen. Es sind die Verstandeszustände, die sich in Unwissenheit ausdrücken.

Gier zeigt sich selbst in dem Verlangen, etwas zu

bekommen, das man noch nicht hat und drückt sich in dem Gedanken aus: „Hätte ich das bloß, wäre ich glücklich."
Hass zeigt sich in dem Verlangen, etwas, das man nicht möchte, von sich zu schieben und geht mit dem Gedanken einher: „Hätte ich das bloß nicht, dann wäre ich glücklich."

Verblendung ist der Teil des Verstandes, der nicht jenseits des Kreislaufes von Begehren und Zurückweisen blicken kann und somit unser Verhalten kontrolliert.

Das ist natürlich eine sehr einfache Erklärung der drei grundlegenden Gründe für unser sich im Kreis drehendes Leben, reicht aber aus, um zu sagen, dass die Befreiung von ihnen, in der Tat etwas sehr Willkommenes wäre. Wir wären frei von den wahren Ursachen für unser Gefühl von Unglück.

Möge ich den mir bereits innewohnenden tiefen Frieden erkennen.

Jeder von uns lebt auf einer sehr oberflächlichen Verstandesebene, nämlich der von Gier, Hass und Verblendung. Es ist der Verstand, der kämpfen, streiten und alles tun wird, um jeden und alles zu kontrollieren, sodass das Leben immer perfekt für uns ist. Und natürlich ist es dieser Verstand, der sein Verhalten immer rechtfertigen und erklären kann.

In dem Moment, in dem wir ein wenig von unserer Anhaftung an diese Lebensweise, loslassen, erfahren wir den uns bereits innewohnenden tiefen Frieden. Dieser Frieden wird als „Reiner Geist" bezeichnet, da er nicht von äußeren Umständen bedingt wird. Hier gibt es kein Ego oder Selbst, das an dem Verstand anhaftet und somit gibt es auch kein Leiden. Es ist einzig und allein das Selbst, das leidet. Das Selbst ist der Teil von uns, der sich unaufhörlich mit dem Verstand identifiziert und deshalb immer versucht, perfekte Bedingungen zu schaffen.

Der Reine Geist steigt auf, wenn das Ego wegfällt. Er ist nichts, das wir neu erschaffen haben, er ruht bloß unter dem Druck des Selbst, unter den Gedanken von „ich" , „mein" , „meins" und der dualistischen Welt aus Gegensätzen, die diese Gedanken erschaffen.

Wenn der Reine Geist anwesend ist, kann er sich spontan nur auf vier Arten zeigen: in bedingungsloser Liebe oder Akzeptanz, bedingungslosem Mitgefühl oder Einheit, Freude oder dem Teilen des Glücks anderer und in Gleichmut oder vollkommenem Gleichgewicht im Leben.

Unsere Absicht während der Praxis ist es nicht, das Selbst zu töten, sondern es zu Tode zu lieben. Wenn es nur das Ego ist, das leidet, dann folgt daraus, dass weniger Ego im Leben zu weniger Leiden im Leben führen wird. Durch die Vipassana und Metta Bhavana Praxis werden wir aufhören, das Ego zu nähren und ihm erlauben, auf sanfte und stetige Art wegzufallen. Somit werden wir die Schönheit eines Lebens, das durch den Reinen Geist bestimmt wird, erfahren können.

Das ist die Praxis der Liebenden Güte, die wir an uns selbst richten. Sobald wir diese Liste beendet haben, können wir einen Augenblick einfach dasitzen und unserer

Aufmerksamkeit erlauben, durch den Körper zu wandern. Wie fühlen wir uns jetzt gerade? Was ist die körperliche Auswirkung (falls es eine gibt) einer so wundervollen, Herz öffnenden Praxis?

Nun lassen wir diese Gefühle aus unserem Herzen in die Welt und das Universum ausstrahlen und berühren alle Wesen gleichmäßig und ohne Ausnahme.
Dieses Mal beginnen wir mit dem Satz:

Mögen alle Wesen frei von...

Dann gehen wir mit gleich bleibender Geschwindigkeit durch unsere Liste der acht unförderlichen und fünf förderlichen Verstandeszustände. Wieder mögest du bitte einen Moment lang stillsitzen und die Aufmerksamkeit dem Körper zuwenden. Wie fühlt es sich an, Gefühle von Liebender Güte gegenüber allen Wesen auszudrücken?

Der letzte Teil der Praxis besteht daraus, dass wir an bestimmte Wesen in unserem Leben denken und ihnen Liebende Güte entgegenbringen. Es sind Wesen, mit denen wir häufig Konflikte haben. Wir erschaffen ein Bild von ihnen vor unserem inneren Augen und sagen gedanklich: „Mögest du gesund und glücklich sein."
Es ist wichtig, dass wir verstehen, dass wir diesen Wesen nicht Liebende Güte entgegenbringen, um sie zu verändern (das funktioniert nicht), sondern, um unsere Beziehung zu ihnen zu verändern. Das bedeutet, dass wir sie so akzeptieren, wie sie sind und dann angemessen auf ihr Verhalten reagieren.

Die Liste an Menschen, an die wir denken, ist folgende: Unsere Eltern, unsere spirituellen Lehrer, unsere unmittelbare Familie, Freunde, Verwandte und Bekannte und schließlich jemanden, den wir nicht mögen oder mit dem wir Schwierigkeiten haben.

Wenn wir die Liste beendet haben, sitzen wir wieder einen Moment lang einfach da und spüren den Auswirkungen dieser Praxis im Körper nach. Diese lange Form der Liebende Güte Meditation sollte ungefähr zehn oder zwölf Minuten lang dauern, deine Meditationszeit sollte nun also eine halbe Stunde betragen.

Falls du einmal nicht genügend Zeit haben solltest, dreißig Minuten lang zu sitzen, kannst du auch die Kurzfassung der Liebende Güte Meditation rezitieren. Wiederhole ganz einfach drei oder vier Mal:

*Möge ich gesund und glücklich sein,
mögen alle Wesen gesund und glücklich sein.*

Wie immer musst du dich daran erinnern, deine gesamte Energie in diese Praxis zu legen, um sie zu etwas Lebendigem zu machen.

Eine letzte Variante der Liebende Güte Praxis legt ihren Schwerpunkt auf Akzeptanz:

Vipassana

Möge ich andere Wesen
ganz genau so akzeptieren
wie sie in diesem Moment sind.
Möge ich diesen Moment ganz genau so akzeptieren,
wie er ist.
Möge ich mich selbst so akzeptieren,
wie ich in diesem Moment bin.

Wiederhole das drei Mal.

Liebende Güte Meditation (2)

Möge ich frei von Wut und Böswilligkeit sein.
Möge ich frei von Angst und Sorge sein.
Möge ich frei von Leiden und Schmerz sein.
Möge ich frei von Unwissenheit und Verlangen sein.
Möge ich glücklich und friedlich sein.
Möge ich ausgeglichen sein.
Möge ich frei von Gier, Hass und Verblendung sein.
Möge ich den mir bereits innewohnenden tiefen Frieden erkennen.

Mögen alle Wesen frei von Wut und Böswilligkeit sein.
Mögen alle Wesen frei von Angst und Sorge sein.
Mögen alle Wesen frei von Leiden und Schmerz sein.
Mögen alle Wesen frei von Unwissenheit und Verlangen sein.
Mögen alle Wesen glücklich und friedlich sein.
Mögen alle Wesen ausgeglichen sein.
Mögen alle Wesen frei von Gier, Hass und Verblendung sein.
Mögen alle Wesen den ihnen bereits innewohnenden Frieden erkennen.

Nun richten wir Liebe und Akzeptanz an: Deine Eltern, deine spirituellen Lehrer, deine unmittelbare Familie, deine Freunde, deine Verwandten und Bekannten und schließlich an jemanden, den du nicht magst oder mit dem du Schwierigkeiten hast.

Der Kern dieser wunderbaren Lehre der Liebe, des Mitgefühls und der bedingungslosen Akzeptanz drückt sich in diesen einfachen Sätzen der buddhistischen Metta Sutta aus:

Mögen alle Wesen glücklich und sicher sein, mögen ihre Herzen erfüllt sein.

Was für Wesen da auch sein mögen, schwach oder stark, groß, kräftig oder mittel, lang, kurz oder klein, sichtbar oder unsichtbar, solche, die fern sind und solche, die nah sind, diejenigen, die bereits geboren wurden und diejenigen, die noch geboren werden, mögen alle Wesen ohne Ausnahme glücklich sein.

Diese Gedanken in die Welt und das Universum auszustrahlen wird ein Gefühl von Glück und Frieden im Leben des Praktizierenden erschaffen und für alle Wesen von Nutzen sein.

Das ist der Wert der Liebende Güte Praxis.

Bitte nimm deine Haltung ein, schließe deine Augen und beginne deine tägliche Meditation, die du mit der Liebende Güte Praxis beenden wirst.

Woche Vier

Achtsamkeit im täglichen Leben
Die Einflüsse der Welt sind stark.

Durch die Vipassana Praxis in Form der Reinen Aufmerksamkeit waren wir dazu in der Lage, direkt die wahre Natur des Verstandes wahrzunehmen. Dabei haben wir gesehen, dass der Verstand ein beständiger Strom an Gedanken, Launen, Gefühlen und Emotionen ist, und dass der Körper das Objekt von Freude und Schmerz ist. Mithilfe dieser einfachen Untersuchung können wir für uns selbst herausfinden, woher all die Schwierigkeiten, denen wir im Leben begegnen, wirklich kommen und erkennen, dass sie nicht außerhalb von uns und mit anderen Menschen und Geschehnissen beginnen, sondern hier innerhalb dieses Verstand-Körper-Komplexes.

Ein Lehrer drückte es so aus: „Es gibt keine Probleme in der Welt, du bist das Problem!"

Mit dieser Einsicht und diesem Verständnis können wir nun erkennen, wie gefährlich es ist, all die Anhaftung, die falschen Ansichten und Missverständnisse unverändert in uns bestehen zu lassen.

Die Folge der Vipassana Meditation ist ein wachsendes Freiheitsgefühl im Leben, während wir ganz einfach beginnen, die verschiedenen Bedingungen loszulassen, die ausschließlich zu Unzufriedenheit und Elend führen. Unser Leben wird reiner, sobald die Motivationen für unsere Taten klarer werden. Womöglich hast du bereits begonnen, die wundervollen Auswirkungen dieser grundlegend sehr einfachen Praxis wahrzunehmen? Der dritte Teil unserer täglichen Meditation ist die Liebende Güte: Der Weg, um in Harmonie mit der Welt und allen Wesen zu leben. Von diesem Punkt der Praxis aus wirst du anfangen, deine Fähigkeit auszubauen, bedingungslos lieben zu können, mitfühlend und respektvoll allen Wesen gegenüber zu sein, mit denen wir den Planeten teilen, und ihnen den Raum zu geben, genau so zu sein, wie sie sind.

Möglicherweise magst du sie persönlich nicht oder heißt ihren Lebensstil und ihre Gewohnheiten nicht gut, aber mit der Ausbildung deines Herzens werden dich diese Dinge immer weniger stören. Mit Weisheit wirst du wissen, wann du handeln und wann du nichts tun solltest, wann du sprechen und wann du still sein solltest.

Deine tägliche Sitzzeit sollte nun ungefähr 30 Minuten betragen, obwohl du sie natürlich leicht ausdehnen kannst, wenn du dich damit wohl fühlst. Auf Retreats und während der Kurse beträgt die Sitzzeit für gewöhnlich 45 Minuten.

Es ist außerdem zu empfehlen, mehr als einmal am Tag zu sitzen, zum Beispiel morgens und abends, wobei du natürlich die Bedürfnisse deiner Familie beachten solltest. Die Meditationspraxis sollte dazu dienen, dein Leben und das Leben derjenigen um dich herum zu verbessern. Sie sollte nicht noch mehr Verwirrung und Aufspaltung verursachen, indem du deine Familie und Freunde gefühllos ausgrenzt. Es ist jedoch wichtig, der Meditationszeit mehr Wichtigkeit zuzuschreiben, als zum

Beispiel fern zu sehen, oder nach der Arbeit im Sessel vor sich hinzudösen.

In diesem letzten Teil des Kurses schauen wir uns an, wie wir unsere Erfahrungen und unser Verständnis in unser tägliches Leben integrieren können.

Es geht in unserer Praxis darum, klare Einsicht in die Natur allen Seins zu gewinnen. Das tun wir, indem wir ruhig und leidenschaftslos das natürliche Wesen von Verstand und Körper beobachten oder genauer, erfahren. Da es keine Praxis außerhalb von uns selbst gibt (wir betrachten immer nur unsere Reaktionen auf ein Geschehnis und nicht das Geschehnis selbst), gibt es keine Zeit, in der wir nicht praktizieren können.

Wir müssen verstehen, dass unsere Meditationspraxis mehr Wert hat, als nur ein oder zwei Mal am Tag still zu sitzen und mit einem guten Gefühl aus der Meditation hervorzugehen. Es gibt viele Meditationsarten, und sobald das angenehme Gefühl der Meditation wegfällt, sind wir zurück in der Welt und begegnen den gleichen Problemen und Schwierigkeiten wie immer und rennen noch immer den flüchtigen Gefühlen von Glück hinterher. In dieser Situation wird die Meditation womöglich als eine vorübergehende Flucht aus der Welt genutzt, anstatt als eine Begegnung mit der Welt, nämlich unserer Welt, die wir durch unsere Verstandesgewohnheiten erschaffen und beibehalten.

Stell' dir den Rasen eines Gartens vor. Wenn in der Mitte des Rasens Unkraut wächst, dann reicht es nicht aus, nur mit dem Rasenmäher gelegentlich darüber zu gehen und ihn dann so zu lassen. Für eine kurze Zeit kann das Unkraut nicht gesehen werden und der gesamte Garten sieht wundervoll aus, aber schon bald zeigt es sich wieder und muss erneut geschnitten werden. Der einzige Weg, um den Garten von Unkraut zu befreien, ist die Wurzeln zu beseitigen. Dann kann es nicht nachwachsen.

Das ist der Sinn der Vipassana Praxis: Wir befreien uns von den Ursachen unserer Unzufriedenheit und kümmern uns nicht nur um die Symptome, die sie mit sich bringt. Das haben wir bereits unser ganzes Leben getan. Wir haben uns immerzu mit den Erscheinungsformen der Unzufriedenheit befasst und nicht mit ihren wahren Gründen. Es ist ebendiese unbefriedigende Erfahrung des Lebens, die uns zu diesem Vipassana und Metta Bhavana Kurs geführt hat.

Für diese außergewöhnliche Meditationsform brauchen wir nur zwei Dinge. Wir müssen keinen besonderen Schrein aufstellen und uns einer neuen und exotischen Religion verschreiben, wie verlockend das für einige auch sein mag. Wir müssen keine besondere Kleidung tragen oder unsere Haare auf besondere Art und Weise stylen, um zu zeigen, dass wir Teil einer bestimmten Gruppe sind. Wir müssen nicht einmal in einer bestimmten Haltung sitzen.

Die einzigen Dinge, die wir für diese Praxis und letztendlich für vollkommenes Erwachen brauchen, sind Geist und Körper und das sind auch die zwei Dinge, die wir immer mit uns tragen.

Es ist nicht möglich zu sagen: „Tut mir leid, aber ich kann heute nicht meditieren, hab meinen Verstand vergessen!" Alles, was wir für unsere Praxis brauchen, haben wir immer bei uns und damit haben wir auch immer die Gelegenheit, zu praktizieren. Der Rest liegt an uns.

Siehst du diesen Moment als Praxis an oder nicht? Merkst du, dass dieser Moment, egal wie unangenehm er dir jetzt gerade auch erscheinen mag, der perfekte Moment ist, um uns Achtsamkeit, Liebe und Weisheit zu öffnen?

Traditionell gesehen gibt es nur vier Haltungen, die der Körper einnehmen kann, obwohl es natürlich etliche Variationen gibt. Der Punkt ist nur der, dass unabhängig von der Körperhaltung, Achtsamkeit und Liebe immer angewandt werden können.

Sitzen

Die Sitzhaltung beinhaltet natürlich unsere formelle Meditationsposition, wie auch immer diese sein mag. Da wir diese an diesem Punkt bereits kennen, gibt es nicht viel mehr dazu zu sagen. Es ist jedoch so, dass wir durch die Einschränkung der Bewegung, dazu in der Lage sind, das natürliche Fließen des Verstandes wahrzunehmen. Wir können durch unsere physische Haltung erfahren, wie der Verstand danach drängt, von seiner Begrenzung befreit zu sein und das manchmal beinahe überwältigende Verlangen beobachten, sich zu bewegen, die Haltung ohne wirklichen Grund verändern zu wollen. Obwohl es nicht verboten ist, sich zu bewegen, wird davon abgeraten, um unsere Entschlossenheit innerhalb unserer Praxis zu stärken.

Außerhalb der Meditationszeiten gibt es natürlich viele Male am Tag, an denen wir sitzen, sei es zu Hause, bei der Arbeit oder im Bus oder Zug. Wir müssen uns ganz einfach unserer physischen Haltung bewusst sein und unsere Achtsamkeit durch den Körper hindurchwandern lassen, nachfühlen, wie er sich anfühlt. Wir entspannen uns, bringen uns zurück in unsere Mitte und an unseren Punkt der Achtsamkeit. Es ist unnötig zu sagen, dass wir das nicht tun sollten, wenn wir selbst ein Fahrzeug fahren.

Mit Achtsamkeit können wir das Gefühl des Körperkontaktes mit dem Sitz oder Boden wahrnehmen und die Gefühle wie Behagen oder Unbehagen, die aus diesem Kontakt heraus entstehen betrachten, ohne auf sie zu reagieren.

Ohne Achtsamkeit können wir unendlich viel Zeit damit verbringen, niemals still zu sitzen, sondern immerzu herumzuzappeln und unsere Haltung zu verändern. Wir suchen immer nach unserer perfekten Haltung, die nicht in einem unangenehmen Gefühl enden wird. Mit Achtsamkeit werden wir jedoch leidenschaftslos verschiedene Gefühle im Körper wahrnehmen und uns damit abgewöhnen, stets bloß blind zu reagieren und uns jedes Mal zu bewegen, wenn das Verlangen danach aufsteigt.

Wir können unserer Sitzhaltung auch nur für einen Moment lang Aufmerksamkeit schenken, zum Beispiel, wenn wir fernsehen oder am Tisch sitzen und darauf warten, dass uns das Abendessen serviert wird. Wann immer wir gerade sitzen, können wir unserem Körper Aufmerksamkeit schenken, die Achtsamkeit durch ihn hindurchwandern lassen oder uns auch nur auf das Berührungsgefühl des Atems konzentrieren. Dann können wir aus einer neuen Haltung spiritueller oder mentaler Ausgeglichenheit zu der Tätigkeit zurückkehren, die wir gerade zu erledigen haben.

Eine kleine Lehre meines eigenen Meisters vor vielen Jahren war: „Wann immer du nichts Bestimmtes tust, meditiere."
Das bedeutet nicht, dass wir die formelle Meditationshaltung einnehmen müssen, sondern nur, dass wir unsere Achtsamkeit auf den Verstand und den Körper richten, so wie sie sich gerade zeigen. Somit lassen wir unsere Achtsamkeit und Energie immer wieder neu aufleben und sind nicht von der Welt um uns herum verwirrt.

Stehen

Obwohl es eine formelle Stehmeditationshaltung gibt, gibt es keinen Grund, sie jetzt zu erklären. Diese Haltung wird nur auf intensiven Vipassana Meditationsretreats verwendet und dann auch nur nach vielen Stunden, die in Sitzmeditation verbracht wurden. Wir können jedoch häufig im Alltag, Achtsamkeit auf den Körper und den Atem richten, während wir stehen.

Auch hier können wir, indem wir unsere Haltung entspannen, Achtsamkeit leicht durch den Körper bewegen und die Gefühle, seien sie stark oder fein, grob oder klar, wahrnehmen, und die tief verankerten Gewohnheiten loslassen, sich ständig von allem, das wir als unangenehm erachten, wegzubewegen. Innerhalb dieser Atmosphäre aus Ruhe und Friedlichkeit sind wir außerdem dazu in der Lage, den Verstand ganz einfach in seiner Bewegung zu beobachten – wie er gewohnheitsmäßig auswählt, anschuldigt und kritisiert, verurteilt und niemals ruhig ist. Das ist eine wunderbare Art sich selbst zu üben, wenn wir zum Beispiel in einer Warteschlange vor einem Bus oder Zug oder im Supermarkt stehen.

Gehen

Die Gehmeditation ist eine traditionelle Praxis, die auf den Buddha selbst zurückgeht. Sie kann in beinahe allen Vipassana Stilen, die heutzutage praktiziert werden, gefunden werden – hauptsächlich auf intensiven Retreats, bei denen das Programm aus einem täglichen Rhythmus abwechselnder Sitz – und Gehmeditation besteht.

Der Sinn der Gehmeditation ist es, Achtsamkeit auf den Körper zu richten, während er nicht still ist, sondern sich bewegt. Dieses Verständnis begleitet uns dann in unser tägliches Leben. Außerhalb des Retreats können wir dann überall unsere Achtsamkeit auf den gehenden Körper richten, sei es zu Hause, auf der Straße, im Büro oder in der Fabrik.

Wir beginnen, indem wir unsere Achtsamkeit auf unsere Fußsohlen richten und dann auf entspannte und gewöhnliche Weise irgendwo hingehen. Wir schauen nicht auf unsere Füße, sondern werden uns ganz einfach der sich stets verändernden Gefühle in den Fußsohlen gewahr, während unser Körpergewicht sich mit jedem Schritt auf den Fuß herabsenkt. Diese Achtsamkeit können wir auf den gesamten Körper ausdehnen, indem wir die Bewegungen der Knöchel, Knie, Hüften, des Oberkörpers und der Arme, die sich leicht vor dir oder an deiner Seite befinden, bemerken.

Wenn wir uns auf einem öffentlichen Platz befinden, ist es besser, unsere Praxis so unauffällig wie möglich zu halten. Wir brauchen keine Show zu machen, da wir nur für uns selbst üben. Natürlich müssen wir uns während der Gehmeditation auch zu einem gewissem Grad unserer Umgebung bewusst sein, sodass wir nicht andere anstoßen, oder schlimmer noch, einfach auf eine befahrene Straße hinaustreten.
Eine etwas fortgeschrittenere Form der Praxis ist es, während des Gehens, still Liebende Güte auf uns selbst und die Menschen um uns herum zu richten, indem wir ganz einfach mental die Formel wiederholen:

*Möge ich gesund und glücklich sein,
mögen alle Wesen gesund und glücklich sein.*

Liegen

Für die meisten von uns bedeutet liegen, im Bett zu sein. Jeden Abend, bevor wir einschlafen und jeden Morgen, während wir aufwachen, haben wir die Möglichkeit, achtsam zu sein. Wir können jeden Tag damit beginnen und beenden, dass wir in unsere Mitte zurückkehren und unsere Ausgeglichenheit wiederherstellen.

Sobald wir unsere bevorzugte Schlafposition eingenommen haben, können wir unsere Achtsamkeit leicht durch den Körper hindurchwandern lassen und wie immer, ganz einfach alle Gefühle oder Eindrücke, die der Körper uns offenbart, wahrnehmen. Außerdem können wir das Gewicht der Decke auf uns spüren, die Weichheit oder Festigkeit der Matratze wahrnehmen und das Gefühl von Wärme und Gemütlichkeit bemerken. Nachdem wir das getan haben, können wir unsere Achtsamkeit auf den Atem richten und damit unseren Tag entweder beginnen oder beenden.

Wenn wir Zeit haben, da wir aus irgendeinem Grund nicht einschlafen können, dann ist das eine unerwartete Gelegenheit, um uns in Achtsamkeit und Liebender Güte zu üben. Wir können uns nicht zwingen einzuschlafen; wir können uns nur der Müdigkeit hingeben, also entspanne dich, sei mit den Dingen, so wie sie sind und lasse den Atem kommen und gehen.

Zusammenfassung

Diesen vier Tätigkeiten können wir als tägliche Praxis außerhalb unserer formellen Sitzzeit nachgehen. Wie immer ist unser Hauptobjekt, um Achtsamkeit auszubilden, das Berührungsgefühl des Atems. Da es ein naturgemäß aufsteigendes Phänomen ist, können wir uns ihm in jeder Situation zuwenden. Deshalb ist es ein so wertvolles Geschenk in unserem Leben. Es ist in jedem Moment verfügbar und hilft uns, unsere Konzentration und Akzeptanz wieder herzustellen.

Ein Aspekt unseres täglichen Lebens, der viele Menschen beeinflusst, ist Irritation oder Genervtheit, ausgelöst durch Unterbrechungen unserer Arbeit, sei es zu Hause oder an unserem Arbeitsplatz. Diese bestimmten Gefühle entstehen natürlich durch unser egoistisches Verlangen danach, dass die Situation unserer Idee von Perfektion entsprechen sollte. Sie sind nicht in der Weisheit des „Fließens mit jedem Moment" verankert. Dementsprechend leiden wir, da wir unsere Kraft an Bedingungen verlieren, die wir nicht kontrollieren können. Die perfekte Einstellung zu unserer fortschreitenden Entwicklung ist der folgende Vers:

> *Während des Sitzens, sitze nur.*
> *Während des Gehens, gehe nur.*
> *Und vor allem, schwanke nicht!*

Schwanken ist das Problem und es entsteht, wenn wir versuchen, mehr als eine Sache in einem Moment zu tun.

Wie uns unsere Anapanasati Praxis gezeigt hat, ist unsere Aufmerksamkeit nicht auf das Denken gerichtet, wenn sie auf den Atem gerichtet ist. Wenn wir denken, ist unsere Aufmerksamkeit nicht auf den Atem gerichtet.

Der Verstand kann in jedem Moment immer nur an einem Ort sein. An diesem Ort begegnen wir einem Frieden und einer Kraft, die als „fokussierter Geist" bezeichnet wird.

Sobald wir gelernt haben, uns nur einer Sache zu widmen, ist das Leben viel einfacher und erfreulicher. Nie wieder werden wir in den Weg eines fahrenden Autos treten, uns mit dem Küchenmesser in den Finger schneiden oder stolpern, wenn wir die Treppe hinuntergehen. Sind wir in jedem Moment achtsam, so werden wir unsere Aufmerksamkeit der einen Sache widmen, die gerade aufsteigt und somit die Situation immer unter Kontrolle haben.

Mit dieser Einstellung als Grundlage unseres täglichen Lebens sind Unterbrechungen und Ablenkungen niemals ein Problem. Wenn unsere Aufmerksamkeit woanders gebraucht wird, können wir uns vollkommen von der Tätigkeit, der wir uns gerade gewidmet haben, abwenden und unsere vollste Aufmerksamkeit der neuen zuwenden. Ist der Moment dann vergangen, können wir zu unserer eigentlichen Tätigkeit zurückkehren, ohne das Gefühl zu haben, unterbrochen worden zu sein, da sich unsere Aufmerksamkeit einfach abhängig von den sich ewig verändernden Bedingungen des Lebens, von einer Sache zur nächsten bewegt.

Ein Leben zu führen, in dem wir nicht jedes Mal stöhnen, wenn sich jemand an uns wendet, macht unsere Anwesenheit sehr viel angenehmer und erfreulicher. Die Zeit, Geduld und Fähigkeit zu haben, sich vollkommen der Person zuzuwenden, mit der man gerade den Moment teilt, bringt ein großes Geschenk in diese Welt.

Die Einflüsse der Welt sind jedoch sehr stark. Menschen und Situationen werden immer eine Versuchung sein, uns von unserer Praxis aus Liebe und Achtsamkeit abzubringen. Der einzige Weg, unangetastet von diesen Einflüssen zu sein, ist unser Gleichgewicht beizubehalten. Sobald wir fest in unserer Mitte in Frieden und Harmonie verankert sind, kann uns nichts mehr berühren. Wir sind jenseits des Weges der Welt.

Das nennt man: „In der Welt zu leben, ohne ein Teil von ihr zu sein."

Am Ende unseres Kurses können wir also sehen, dass unser Potenzial für Erwachen unendlich ist. Alles, was wir tun müssen, ist in unserem Leben aufzuwachen.

Wenn wir träumen, ist der Traum, den wir erfahren, real für uns. Verfolgt uns jemand mit einer Pistole oder mit einem Messer, erleben wir in diesem Moment die gesamte Angst, die aus dieser Situation hervorgeht. Nur wenn wir aufwachen, können wir vor Erleichterung durchatmen und sagen: „Gott sei Dank, es war nur ein Traum."

Das ist auch das Wesen unserer Beziehung mit dem Leben, bis wir selbst direkt und aus eigener Erfahrung heraus die treibenden Kräfte erkennen, die uns immer in dieselbe Richtung bewegen.

Nur die Vipassana Praxis wird uns diese Dinge offenbaren und nur die bedingungslose Akzeptanz dieser Dinge wird ihnen ihre Kraft nehmen, bis alles, was zurückbleibt, die wunderbare Reinheit des Daseins ist.
Das ist das Geschenk, das du dir selbst machst: Ein Leben ohne Bedingungen, ohne Forderungen, durchdrungen von

der einfachen Begegnung mit jedem Moment.

Das ist die Schönheit und die Kraft der Liebenden Achtsamkeit.

Mögen alle Wesen glücklich sein.

Fragen und Antworten

Frage
Werde ich durch diese Meditationspraxen meine Bestrebungen und mein Verlangen, geschäftlich erfolgreich zu sein, verlieren?

Antwort
Es scheint wahr zu sein, dass nur zwei Arten von Menschen, in einem Geschäftsbetrieb arbeiten: Solche, die anderen helfen möchten und solche, die sich selbst helfen möchten. Wenn es deine Absicht ist, deinen Kunden und Klienten von Nutzen zu sein und somit auch dir selbst, dann werden dir die Vipassana und Metta Bhavana Praxis sicherlich helfen. Du wirst dich dann mehr und mehr bemühen, den Menschen zu dienen, anstatt nur deinen Konkurrenten ausstechen zu wollen. Deine Motivation wird klarer sein und du selbst wirst glücklicher sein.

Ist deine Absicht jedoch, egal auf wessen Kosten, schnell reich zu werden, dann wird dir diese Praxis absolut nicht helfen. In der Vipassana Praxis geht es darum, unsere Achtsamkeit auf die natürlichen Neigungen des Verstandes wie Gier, Hass und Täuschung zu richten. Während wir diese Bewegungen mit der Zeit immer besser verstehen, fällt unser Verlangen weg, auf sie zu reagieren. Wir sehen sie, wir kennen sie und wir handeln dementsprechend. Das Ergebnis davon ist weniger Gier, weniger Hass und weniger Illusion und ein Verständnis davon, dass alles, was wir verstärken, Folgen hat. Da wir die Folgen unseres Tuns nicht vermeiden können, ist es immer besser, aus guten Absichten und klarer Motivation heraus zu handeln. So werden wir glücklich sein und dieses Glück mit der Welt teilen.

Frage
Du erwähnst den „Reinen Geist." Ist es wirklich möglich, einen Geist frei von Ego zu entwickeln?

Antwort
Ein Reiner Geist ist nicht nur möglich, sondern etwas, das uns viele Male am Tag begegnet. Spontan etwas Selbstloses zu tun, ohne überhaupt darüber nachzudenken, etwas zurückzubekommen, ist Reiner Geist.

Wenn zum Beispiel eine alte Dame auf der Straße vor dir stolpert und hart auf das Pflaster fällt, eilst du sofort an ihre Seite und gehst sicher, dass sie sich nicht noch mehr verletzt. An ihrer Seite bist du voll von wahrhaftiger Sorge und bietest ihr an, sie nach Hause zu fahren, oder zumindest so lange bei ihr zu bleiben, bis ein Freund oder Verwandter kommt. Kommt dann jemand, ist diese Person dir gegenüber voll von Dankbarkeit und du gehst mit dem aufrichtigen Gedanken fort: „Aber ich habe doch gar nichts getan." So offenbart sich Reiner Geist.

Sähest du die alte Dame jedoch stolpern und auf die Straße fallen und schautest dich dann um, um zu sehen, ob irgendjemand deine Reaktion beobachtet (wie viel Unannehmlichkeit würde es dir bereiten, anzuhalten und ihr zu helfen oder wie würde es unter deinen Freunden und Bekannten deinen Ruf verbessern?), so könnte das nicht als Reiner Geist bezeichnet werden. Es liegt dann

ein klarer Plan hinter deiner Reaktion.
So offenbart sich das Selbst in jeder Situation, es fragt immerzu: „Was springt für mich dabei heraus?"

Spontaneität kann nicht geübt werden. Der Definition nach entsteht sie auf natürliche Art und Weise, ohne vorgefertigte Ideen. Der Reine Geist entsteht dadurch, dass wir den Raum für ihn erschaffen. Das tun wir, indem wir all den verschiedenen Erscheinungsformen des Selbst erlauben wegzufallen. Wir versuchen nicht, sie zu zerstören oder gewaltsam auszulöschen, sondern erkennen sanft, liebevoll und geduldig die selbstorientierten Impulse und lösen sie aus unserem Leben.

Wir können über folgende buddhistische Maxime nachdenken: „Zögere niemals, etwas Gutes zu tun" und diese als Inspiration innerhalb aller unserer Beziehungen verwenden.

Das bedeutet, dass wir nicht die Gelegenheit verpassen, anderen Wesen in der Welt zu helfen und zu dienen – allen Wesen, mit denen wir in Verbindung treten. Das wird uns in unserer fortwährenden spirituellen Entwicklung unterstützen. Wir sollten jedoch immer sofort handeln. Im Moment des Zögerns steigen alle die egoistischen Gründe, weshalb wir nichts tun sollten auf und wir verpassen womöglich die Gelegenheit.

Im Grunde, so wie alle Dhamma Lehren, ist es sehr einfach. Wenn wir helfen können, sollten wir helfen. Wenn wir nicht helfen können – nicht eingreifen. Versuch nicht, etwas zu sein, versuch nicht, jemand oder etwas zu werden; sei einfach nur mit den Geistesinhalten, während sie aufsteigen und vergehen und lass von deiner Anhaftung an die Dinge, denen du begegnest, los. Sie sind nicht du. Wenn in irgendeinem Moment nichts mehr übrig ist, dann ist das der Reine Geist.

Frage
Ich habe Probleme mit Gedanken und Emotionen während der Meditation. Was kann ich tun?

Antwort
Als ich Zen praktizierte, gab es eine Übung, in der man in der Haltung sitzen musste, die man zuerst einnahm. Wir mussten uns vor unserem zafu (Meditationskissen) verbeugen, uns auf den Hacken drehen und uns dann in unsere Sitzhaltung fallen lassen. Sie musste sofort richtig sein, da wir sie nicht mehr ändern durften.

Wie albern das auch klingen mag, es war eine gute Übung, um einen akzeptierenden Verstand zu entwickeln – einen Verstand, der nicht zwanghaft damit beschäftigt ist, auszuwählen. Unsere Haltung zu akzeptieren, bedeutete, dass wir schlagartig damit aufhören mussten, körperlichen Komfort zu bevorzugen, sodass wir uns dann der eigentlich Übung hingeben konnten: der Beobachtung des Verstandes, so wie er sich in jedem Moment zeigt.

Als Menschen haben wir eine natürliche Neigung zu Glück, Wohlbehagen und Bequemlichkeit. Diese Dinge haben immer Priorität in der Organisation unseres Lebens. Innerhalb des Vipassana Trainings beobachten wir die Tendenz des Verstandes, auswählen zu wollen und geben durch ebendiese Beobachtung das Wählen selbst auf. Es ist die wahre Vipassana Praxis, ganz einfach mit den Inhalten des Geistes zu sein, ohne uns zu wünschen, sie wären anders. Sie sind wie Wolken, die durch einen leeren Himmel ziehen... Nicht ich, nicht mein, nicht das, was ich bin.

Entspanne dich also, es gibt keine Probleme hier – da ist nur der Verstand, der sich bewegt. Sobald wir eine Vorstellung davon entwickelt haben, wie unsere Meditation sein sollte, sind wir weit entfernt von Friedlichkeit.

Das Geheimnis zu Harmonie in der Meditation und im Leben, ist ganz einfach, nichts gegen irgendetwas zu haben. Wir akzeptieren das, was sich in jedem Moment zeigt und tun dann, was wir tun müssen. Wir tun das, was notwendig ist.

Frage
Ich mag es, das Geschirr abzuspülen und gleichzeitig Radio zu hören. Ist das falsch?

Antwort
Eine alltägliche Handlung, so wie den Abwasch, in eine achtsame Erfahrung zu verwandeln, kann sich sehr lohnen. Eine Sache nach der anderen zu bemerken – die Haltung, das Gewicht des Körpers, während er am Waschbecken steht, das Gefühl des Wassers auf der Haut und seine Temperatur, das Geschirr und die Bewegung der Hände, während du sie säuberst – das ist eine wundervolle Übung. Da sind so viele Momente, in denen Achtsamkeit aufsteigt und vergeht. In dieser Handlung, so wie in jeder anderen

Handlung, der wir unsere volle Aufmerksamkeit schenken, kann vollkommenes Erwachen geschehen.

Es ist jedoch nicht notwendig, das jedes Mal zu tun, wenn du den Abwasch machst. Manchmal können wir den Abwasch in vollkommener Achtsamkeit machen und uns unserer Vipassana Praxis hingeben. Zu anderen Zeiten können wir das Geschirr nur mit partieller Achtsamkeit abspülen, die Handlung genießen und der Musik oder Unterhaltung im Radio zuhören.

Das spirituelle Training sollte zur Folge haben, dass wir in unserem Leben glücklicher werden und in der Lage sind, Dinge zu genießen, aber auch zu akzeptieren, dass wir immer wieder schwierigen Situationen begegnen werden, die wir aushalten müssen. Es gibt keinen Grund, so ernst zu sein.

Frage
Du erwähnst den Buddha sehr häufig. Lehrst du Buddhismus?

Antwort
Die einfache Antwort ist nein. In der Tat lehre ich gar nichts. Ich teile ganz einfach etwas mit dir. Obwohl das, was wir als Vipassana bezeichnen, vom Buddha stammt, ist es nicht „buddhistisch." Achtsamkeit und Liebe können zu keiner bestimmten Gruppe oder Organisation gehören. Sie sind spontane Erscheinungen des Geistes, die bereits zu jedem gehören. Wir können jedoch unser Verständnis von ihnen erklären und teilen, sodass andere diese Praxen auf ihr eigenes Leben anwenden können, um zu sehen, ob

sie von Wert sind oder nicht.

Ich versuche niemals, dich davon zu überzeugen, dass ich recht habe und du meinem Weg folgen solltest, oder schlimmer noch, meine Worte, ohne eigene Untersuchung, zu glauben. Meine Absicht vor euch, ist es, Dhamma zu teilen.

Dhamma ist ein buddhistisches Wort, das soviel wie „die Wirklichkeit der Dinge" oder „das, was sich hinter der Erscheinung verbirgt" bedeutet. Das, was wir brauchen, um die Wirklichkeit der Dinge sehen und erfahren zu können, ist Achtsamkeit. Nicht mehr als das.

Was ich hier teile, kannst du immer in deinem eigenen Leben testen. Wenn du ein wenig loslässt, ist da dann wirklich ein wenig mehr Frieden in deinem Leben? Das kannst du direkt, durch deine eigene Praxis wissen und du musst mir nicht glauben, um zu sehen, ob es wahr ist. Das Beste, was ich tun kann, ist, dich dazu zu ermutigen, dich dieser Praxis hinzugeben, sodass du glücklich sein wirst und dieses Glück mit allen Wesen teilen kannst.

Frage
Wie lange sollte ich jeden Tag praktizieren?

Antwort
Es gibt ein gewöhnliches Missverständnis, das häufig auftritt, wenn Leute anfangen zu meditieren, nämlich, dass die Praxis eine Sache ist und das Leben eine andere.

Dieses Missverständnis wird am Anfang noch ermutigt, da

uns beigebracht wird, auf eine bestimmte Art und Weise zu meditieren. Wir sollen einen passenden Ort finden, irgendwo, wo es still und zugfrei ist und wo wir nicht so leicht gestört werden können, und eine bestimmte Zeit zu finden, zu der wir jeden Tag meditieren, wenn es stiller im Haus ist und unsere Familienpflichten erfüllt sind. Diese Anleitung erzeugt die Idee, dass das, was wir tun, etwas Besonderes ist und außerhalb unseres täglichen Lebens liegt. Das tun wir am Anfang der Vipassana Praxis, um nicht nur die notwendige Konzentration und konsequente Achtsamkeit, die wir brauchen, zu unterstützen, sondern auch, um die Praxis zur Gewohnheit zu machen.

Wenn wir meditieren wollen, sollten wir meditieren.
Wenn wir nicht meditieren wollen, sollten wir trotzdem meditieren.

Sobald die Gewohnheit des täglichen Sitzens fest in unserem Leben verankert ist, können wir die nicht anhaftende Beziehung zu dem Verstand und seinen Inhalten, in jeden Bereich unseres Lebens hineintragen, ob wir sitzen, stehen, gehen oder liegen. Wie immer ist die Anleitung einfach: Schenke den natürlichen Bewegungen des Verstandes, still deine Achtsamkeit. Geh nicht in ihnen verloren, sondern erkenne sie als das, was sie wirklich sind. Bringe dich selbst zurück in deine Mitte – deinen Punkt des Gleichgewichts – und bewege dich zur nächsten Sache weiter.

Frage
Ich möchte sagen, wie erfreut ich über diese Praxis bin. Letztens bemerkte ich, dass ich aus dem Haus ausgesperrt

war und ich war sehr erfreut darüber, wie ich mit der Situation umging – viel besser, als ich es noch vor einigen Wochen getan hätte! Nun fühle ich mich inspiriert, allen von der Vipassana Praxis erzählen zu wollen.

Antwort
Ich bin ebenfalls sehr erfreut, dass du gute Ergebnisse in deiner Praxis erzielst. Dein Verlangen danach das zu teilen, was du gefunden hast, ist ganz natürlich. Ich denke, es ist für uns alle so, dass wir das mit anderen teilen wollen, das uns glücklich macht.

Als ich vor vielen Jahren begann, Zen zu praktizieren, machte ich eine ähnliche Erfahrung. Ich war sehr erfreut über meinen scheinbaren Fortschritt und las alles, was ich über Zen finden konnte und ergriff jede Gelegenheit, mit jedem darüber zu diskutieren, der gewillt war, zuzuhören. Als ich meinem Lehrer von meinem Wunsch, all diese wundervollen Dinge, die ich durch diese Praxis erfuhr, zu teilen, unterstützte er mich sehr darin und ermutigte mich sogar dazu, so vielen Leuten wie möglich von den Vorzügen der Zen Praxis zu erzählen. Ich war begeistert. Ich fühlte mich wie ein Missionar, der das Gute zu den Menschen brachte.

Ich begann sofort damit, meinen Freunden, meiner Familie und meinen Arbeitskollegen in jeder noch so kurzen Unterhaltung, so viel wie möglich über Zen und die Vorzüge der Praxis zu erzählen. Ich bemerkte jedoch sehr schnell, dass, egal wie enthusiastisch ich war, meine Worte niemals sonderlich positiv aufgenommen wurden und dass (womöglich war es nur Einbildung), Leute versuchten, mir aktiv aus dem Weg zu gehen!

Eines Tages, während ich mit einem großen, rauen, groben, walisischen Arbeitskollegen zusammen zu Mittag aß, zeigte ich auf einen Baum und sagte: „Erkennst du, dass es das Nichts ist, das den Baum umgibt, welches ihm seine eigentliche Form gibt?" Sehr tief! Seine wörtliche Reaktion kann ich hier leider nicht wiedergeben, aber es reicht auch zu sagen, dass er nicht gerade beeindruckt von meiner Zen Beobachtung war.

An diesem Punkt verstand ich die Lehre meines Lehrers. Wenn Menschen spirituelle Lehren wollen, werden sie danach fragen oder sich ihnen selbst nähern. Es ist unnötig und häufig schmerzhaft für uns, zu versuchen, sie dorthin zu leiten. Wenn wir gefragt werden, was wir tun, dann können wir klar, von Herzen und auf eine einfache Art und Weise, sodass andere uns verstehen können, antworten. Wenn wir Auswirkungen auf die Welt haben wollen, dann sollten wir das aus Weisheit heraus tun und anderen Liebe und Mitgefühl entgegenbringen.

Das teilen zu wollen, was wir für uns entdeckt haben, ist ganz natürlich und wundervoll. Uns für andere verfügbar zu machen und ihnen zu dienen, ist die beste Art, dieses edle Verlangen zu zeigen.

Frage
Wie kann ich meinen Verstand davon abhalten, umherzuschweifen?

Antwort
Hier geht es nicht darum, den Verstand davon abzuhalten, umherzuschweifen, sondern nur darum, zu sehen, wohin er sich bewegt hat. In der so genannten Samatha Bhavana Meditationsart, wird ein sehr tiefer Konzentrationszustand erreicht, indem der Verstand ausschließlich auf ein bestimmtes Objekt gerichtet wird. Alle anderen Verstandesinhalte, so wie Gedanken, Launen, Gefühle und Emotionen werden als Hindernis angesehen und aus diesem sehr engen und präzisen Achtsamkeitsfeld ausgeschlossen. Das Ergebnis hiervon ist nach vielen Stunden Praxis, ein tiefer Konzentrationszustand (jhana), in dem normale mentale Fähigkeiten eingestellt werden. Dieser Meditationsstil wurde vom Buddha selbst ausprobiert und bis ins Extremste ausgereizt, bevor er ihn für die Praxis, die wir jetzt Vipassana nennen, zurückwies.

Wir praktizieren diese Meditationsart nicht, um ein bestimmtes Gefühl oder tiefen mentalen Zustand zu erschaffen, sondern, um diesen Verstand und diesen Körper so zu sehen, wie sie jetzt gerade in diesem Moment sind. Allein das Ziel, das viele neue Meditierende haben, still zu sitzen, um einen Zustand von Friedlichkeit und Ruhe zu erlangen, ist kontraproduktiv. Es ist die Absicht selbst, einen bestimmten Verstandeszustand zu erreichen, die das Hindernis darstellt.

In der Praxis der Reinen Achtsamkeit ist das Hauptobjekt der Achtsamkeit, das Gefühl des Atems in den Nasenlöchern. In dem Moment, in dem jedoch andere mentale oder physische Aktivität entsteht, sollten wir sofort unsere Aufmerksamkeit darauf richten, bevor wir dann zum Atem zurückkehren. Auf diese Art und Weise verwandelt sich alles, was in unser Bewusstsein aufsteigt, in unser Meditationsobjekt. In Wahrheit ist der Verstand also gar nicht dazu in der Lage, umherzuschweifen. Nicht an Gedanken, Launen, Gefühlen, Emotionen und Körperempfindungen anzuhaften, wird uns wahrhaftig befreien. Die Dinge so anzunehmen, wie sie sind, ist der Weg hin zu dieser Wahrheit.

Frage
Manchmal möchte ich bloß mehr und mehr meditieren, aber es gibt immer so viele Hindernisse, die mir im Weg stehen. Was kann ich tun?

Antwort
Als ich vor langer Zeit einmal in McLeod Ganj, in Nordindien, war, kletterte ich zu der Spitze eines Wasserfalls hinauf. Jeden Morgen unternahm ich nach meiner Meditation einen Spaziergang und sah den Wasserfall von der Straße aus. Eines Tages entschied ich mich also, bis zur Spitze hochzuklettern.

Nach einiger Zeit endete die asphaltierte Straße und ein sandiger Weg begann, bis es schließlich gar keinen Weg mehr gab! Ich befand mich auf einem Flussbett und kletterte über Felsen und Geröll, behielt aber immer den Wasserfall vor mir. Der Weg wurde nun steiler und schwieriger, aber mit Bestimmtheit und Anstrengung kletterte ich immer weiter, bis ich schließlich die Spitze erreichte. Als ich jedoch schwer atmend und schwitzend oben ankam, sah ich zu meiner Überraschung eine Gruppe Westler, die dort Espresso Kaffe tranken und Bob Marley und die Wailers hörten. Sie hatten den einfachen Weg hinauf genommen.

So ähnlich ist unsere Praxis manchmal. Wir können es uns leicht oder schwer machen.
Schwierig wird es, wenn wir immerzu versuchen, die richtigen Bedingungen für uns zu erschaffen: Der richtige Raum, die richtige Stille, die richtige Privatsphäre, weit weg von Ablenkungen, die Einsichten davon abhalten könnten, in uns aufzusteigen. Die Liste der Dinge, die wir für unsere Praxis brauchen, kann, so wie alle Liste in unserem Leben, endlos sein, und so lange wie wir versuchen, die perfekten Bedingungen für unsere Meditation herzustellen, werden wir immer weit entfernt von Frieden sein.

Die einfache Art zu praktizieren, ist, ganz einfach zu bemerken, dass diejenigen Dinge, die wir für unsere Praxis brauchen, immer bei uns sind. Es sind unser eigener Verstand und Körper, so wie sie in diesem Moment sind; alles andere ist in Wahrheit bedeutungslos.

Für jeden Tag eine formelle Meditationszeit einzuplanen, ist ein wunderbares Training, aber abgesehen davon müssen wir den sich ständig verändernden Bedingungen in unserem täglichen Leben, offen gegenüberstehen und flexibel sein. Die Lehre ist immer um uns herum, an jedem Ort. Sie ist nicht an einem besonderen Ort versteckt, den nur wenige Menschen kennen.

Viele Leute gehen nach Indien oder Nepal, um sich selbst zu finden, aber in Wahrheit musst du nur zu deinem Meditationskissen gehen. Die notwendige Praxis ist immer dieselbe: Sei mit dem Moment und tu dann das, was du tun musst. Das ist deine Praxis.

Frage
Muss ich einen moralischen Lebensstil verfolgen?

Antwort
Was wir tatsächlich während der Vipassana Meditation erfahren, ist das mentale Ergebnis von dem, was wir in der Vergangenheit verstärkt haben. Diese Erinnerungen und Gefühle steigen im Verstand auf, sobald die gewohnte Masse an Ablenkungen wegfällt, da sie nun den Raum haben, um sich vollkommen in unserem Bewusstsein zu zeigen.

Man kann sagen, dass „böse" oder „gefährliche" Menschen in Schwierigkeiten geraten, wenn sie ihren Verstand nicht ununterbrochen mit oftmals profanen Dingen, wie Trinken oder Rauchen, beschäftigen. Sobald die äußeren Reize wegfallen und der Verstand sich selbst überlassen ist, steigen all die Negativität und all die unheilsamen Verstandeszustände auf, und somit braucht es mehr und mehr Unterdrückung, um diesen nicht zu begegnen. Wenn unheilsame Absichten nicht vergehen, dann führt sich dieser Prozess aus Ansammlung und Unterdrückung selbst endlos fort.

Natürlich betreffen die Worte „böse" und „gefährlich" nur eine sehr kleine Anzahl an Menschen. Für gewöhnlich denken wir nicht auf diese Art und Weise über uns selbst. Und doch ist es sehr schwer, jemanden zu finden, der ein vollkommen reines Leben führt und für alle von uns, ist unsere Meditation angefüllt mit mentalen Konsequenzen, die sich aus dem Selbst heraus entwickeln, das wir immer wieder verstärkt haben. Wenn es nicht richtig verstanden wird, wird uns dieses Selbst immer dazu zwingen, unser Leben als Mittelpunkt des Universums zu führen, von dem aus wir von jedem und allem fordern, dass sie so sind, wie wir sie gerne hätten, damit wir glücklich sein können.

Wenn die Dinge, denen wir begegnen, uns nicht ständig erfreuen, und somit nicht unserer Forderung entsprechen, was sie natürlich nicht tun, so gibt es vieles, was wir tun können, um uns näher an unsere besonderen Bedingungen heranführen. Abhängig von unseren natürlichen Tendenzen, gehen wir manchmal sehr weit, oftmals sogar bis zu einem Punkt, an dem wir andere Wesen verletzen oder sogar töten, bestehlen, sexuell missbrauchen, auf grausame und verletzende Art und Weise sprechen oder Alkohol trinken und andere Drogen nehmen, um unser Bewusstsein zu verändern. Sich so zu verhalten, wird meist als „unmoralisch" bezeichnet.

Sobald wir unseren Weg zum spirituellen Erwachen beginnen, müssen wir bestimmt und entschieden sein, die Art wie wir leben, verändern zu wollen. Sein Leben verändert man hauptsächlich dadurch, dass man sich daran erinnert, anders zu sein.

Es ist wichtig, dass wir das verstehen. Wir verändern nicht unser Verhalten, um einen Gott oder den Buddha zu beschwichtigen. Wir verändern unser Verhalten, weil wir sowohl innerhalb, als auch außerhalb unserer Meditationspraxis, den Konsequenzen eines Verstandes begegnen, den wir verstärkt haben. Es ist unvermeidlich.

Um frei von dieser endlosen Reihe an unbefriedigenden und unangenehmen Folgen zu sein, müssen wir von ihren anfänglichen Gründen loslassen.

Was wir tun, tun wir immer für uns selbst. Wir streben also danach, ein reines Leben zu leben und lassen die niedrigeren und selbstorientierten Bereiche des Verstandes los, sodass unser Leben ein Segen für uns selbst ist. Es ist sogar mehr als das. Es ist ein Segen für all die Wesen, mit denen wir diesen Planeten teilen.

Frage
Müssen wir Kontakt zu einem Lehrer haben?

Antwort
Obwohl wir alles, was getan werden muss, nur selbst tun können, ist der Kontakt zu jemandem, der diesen Weg bereits gegangen ist, sehr wichtig. Es muss jemand mit klarem Verständnis und absoluter Ehrlichkeit sein, der unsere Praxis unterstützen wird und uns in die richtige Richtung gewendet hält.

Als ich in Indien lehrte, fragte mich eine Schülerin einmal, wie sie einen guten Lehrer erkennen könne. Ich sagte: „Beobachte ihn, wenn er nicht lehrt!"

Wir müssen vorsichtig mit denjenigen sein, die Spiritualität, Dhamma und Wahrheit verkünden. Die einfache Regel ist: Praktizieren sie das, was sie lehren, und fordern sie irgendetwas von dir? Jeder kann sich auf besondere Art und Weise kleiden und sich selbst als Guru präsentieren, geheimnisvoll lächeln, mit gedämpfter Stimme sprechen und so tun, als wären sie anders als du, aber der wahre Meister lebt mit Bescheidenheit und Ehrlichkeit und sieht sein Leben nur als Dienst für den Schüler an.

Ablenkung und Unterhaltung sind überall, und ohne eine solide und sichere Grundlage unserer Praxis, ist es leicht, verloren zu gehen und vom Weg abzukommen. Der wahre Meister oder Lehrer ist unsere Grundlage.

Das Tao Te King, das uralte chinesische Buch der Weisheit erinnert uns: „Der Weg ist gerade, aber Menschen lieben es, abgelenkt zu werden."

Es ist wahr, dass wir uns oft allein und isoliert in unserer Praxis fühlen, obwohl es jetzt, mit moderner Technologie, kaum noch einen Grund gibt, sich so zu fühlen. Das Internet, CDs und DVDs, sowie Email und Skype Kontakt, können Dhamma zu uns nach Hause bringen, wann immer wir das Gefühl haben, eine Erinnerung zu brauchen. Außerdem reisen Lehrer heutzutage so viel, dass es nicht schwer ist, einen Kurs, ein Seminar oder ein Retreat in deiner Nähe zu finden. Es ist nicht mehr notwendig, nach Indien zu reisen, um Meditation zu finden!

Die Praxis ist von größter Bedeutung und wenn unsere Einstellung richtig ist, können wir ein gutes Ergebnis erwarten. Der Kontakt zu einem ehrlichen und verlässlichen Lehrer ist ein großer Teil davon.

Mögen alle Wesen glücklich sein.

Danksagungen

Kein Buch schreibt sich jemals selbst und obwohl die Idee immer sehr einfach erscheint, verlangt die eigentliche Arbeit, seine Gedanken auf stimmige Art und Weise zu teilen, die Hilfe anderer.
In dieser Hinsicht bin ich den unten aufgelisteten Menschen für ihre Hilfe, Unterstützung und Fachkenntnis unglaublich dankbar.

Paul Quayle, für seine Unterstützung, seinen Rat und dafür, dass er die letztendliche Fassung Korrektur gelesen hat.
Isabelle Kewley, meine Frau, Unterstützung und Freundin, die meine Worte in das Buch verwandelt hat, dass du gerade hältst.
Alle meine Schüler, für ihre Ermutigung, den Reinen Dhamma, fortwährend verfügbar zu machen, sodass alle Wesen davon profitieren können.
Diesen und vielen anderen Menschen, die ich nicht erwähnt habe, bin ich überaus dankbar.

Mögen alle Wesen glücklich sein

Anmerkung der Übersetzerin

Es war mir eine besondere Freude, dieses kleine Buch zu übersetzen, da es von der Vipassana Meditationspraxis selbst handelt.
Es gibt uns die Möglichkeit, uns einen Monat lang mit Hilfe der Anleitung auf die Meditation einzulassen und danach aus eigener Erfahrung zu entscheiden, ob wir sie in unser Leben integrieren wollen. Auch wenn wir die Praxis bereits kennen, uns aber wenig inspiriert fühlen, tatsächlich regelmäßig in Meditation zu sitzen, kann das Buch eine Unterstützung für uns sein. Mit wunderschöner Klarheit fasst Michael die Anleitungen, die normalerweise auf seinen intensiven Vipassana Retreats gegeben werden zusammen und gibt uns damit die Gelegenheit, die Praxis zu Hause zu erproben oder zu vertiefen.

Michael hat eine wunderbare Art, seine Liebe für Dhamma mit anderen Menschen zu teilen und ich empfinde es als großes Geschenk, ihn zu kennen.
Ich habe ihn sowohl auf Retreats, als auch im Alltag als jemanden kennen gelernt, der seine Lehren wahrhaftig verkörpert und in jede Situation Liebe und Klarheit hineinbringt.
Ich hoffe, dass die Lehren und Geschichten in diesem Buch viele Menschen berühren und dazu anregen werden, die Meditationspraxis zu einem wichtigen Teil in ihrem Leben zu machen.

Abschließend möchte ich mich bei meiner Mutter, Susanne Gschwendtberger, dafür bedanken, dass sie mit viel

Hingabe Korrektur las und eine so große Unterstützung in meinem Leben ist.

Über den Autor

Michael Kewley ist der frühere buddhistische Mönch, Paññadipa, und mittlerweile ein international anerkannter Dhamma Meister, der Kurse und Meditationsretreats in verschiedenen Ländern anbietet. Er war viele Jahre lang der führende Lehrer des Internationalen Meditationszentrums in Budh Gaya, Indien und ist der Begründer der Tradition des Reinen Dhamma, einem Weg zum spirituellen Erwachen und des Netzwerkes der "Being Awake" Meditationsgruppen.

Als ein Schüler von Sayadaw Rewata Dhamma, lehrt er ausschließlich aufgrund der Anweisung seines eigenen Lehrers, um Dhamma im Sinne des Buddha zu teilen, damit alle Wesen davon profitieren können. Am 26. Mai 2002, wurde ihm im Rahmen einer speziellen Zeremonie im Dhamma Talaka Temple in England, der Titel Dhammachariya verliehen.

Vollständige Biographie von Michael Kewley sowie Videos und Dhamma Vorträge auf:

www.puredhamma.org

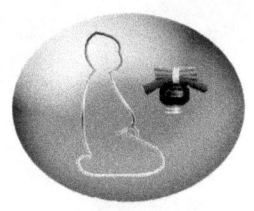

Ebenfalls von Michael Kewley

Higher than Happiness
Not this
Vipassana: The way to an awakened life
Life Changing Magic
The Other Shore
Walking the path
Life is not personal
The Reality of Kamma
Buttons in the Dana Box
The Dhammapada

Deutsche Fassungen:

Mehr als nur glücklich sein
Nimm das Leben nicht persönlich
Knöpfe in der Dana Box

www.ingramcontent.com/pod-product-compliance
Lightning Source LLC
Chambersburg PA
CBHW070925160426
43193CB00011B/1582